交通简史

AMAZING VEHICLES

英国未来出版集团（Future Publish） 编著

刘洁 译　豆飞 审

北京理工大学出版社
BEIJING INSTITUTE OF TECHNOLOGY PRESS

版权专有　侵权必究

图书在版编目（CIP）数据

交通简史 / 英国未来出版集团编著；刘洁译. —北京：北京理工大学出版社，2019.8
（奇妙知识大图解）
书名原文：How It Works Book of Amazing Vehicles 3rd Edition
ISBN 978-7-5682-6999-5

Ⅰ.①交… Ⅱ.①英… ②刘… Ⅲ.①交通工具—青少年读物 Ⅳ.①U-49

中国版本图书馆CIP数据核字（2019）第077194号

北京市版权局著作权合同登记号图字：01-2017-9468
[Beijing Institute of Technology Press Co, LTD] is published under licence from Future Publishing Limited. All rights in the licensed material, including the names《交通简史》(How It Works Book of Amazing Vehicles 3rd Edition), belongto Future Publishing Limited and it may not be reproduced, whether in wholeor in part, without the prior written consent of Future Publishing Limited@[year] Future Publishing Limited.www.futureplc.com

出版发行 / 北京理工大学出版社有限责任公司		
社　　址 / 北京市海淀区中关村南大街5号		
邮　　编 / 100081		
电　　话 / （010）68914775（总编室）		
（010）82562903（教材售后服务热线）		
（010）68948351（其他图书服务热线）		
网　　址 / http：//www.bitpress.com.cn		
经　　销 / 全国各地新华书店		
印　　刷 / 北京市雅迪彩色印刷有限公司		
开　　本 / 889毫米×1194毫米　1/16		
印　　张 / 11		责任编辑 / 宋成成
字　　数 / 393千字		文案编辑 / 宋成成
版　　次 / 2019年8月第1版　2019年8月第1次印刷		责任校对 / 周瑞红
定　　价 / 128.00元		责任印制 / 李志强

图书出现印装质量问题，请拨打售后服务热线，本社负责调换

推荐序

亲爱的读者朋友，很高兴在这套书中遇见你，欢迎你走入这个精彩的科普世界。无论你是因为对图片的惊艳，还是对知识的渴求而翻开这套书，都意味着你对世界的好奇和探索，又将前进一步。

好奇是人类的天性，也是科学和世界发展的第一推动力。在过去的几个世纪，好奇心促使我们对世界的探索从宏观到微观，从古代到现代，知识不断更新，科技不断进步。今天，当人类进入21世纪，随着信息时代的到来，人们对世界的认知不再限于天空、大地、海洋和生物以及身边的事物，而是密切注视着将航天器送向月球的背面和广阔无垠的宇宙，探讨奇妙量子世界的无限可能。科技从源于生活到引领生活，科学新知的迅速累积使得大部分人对科学的认知看起来非常有限，了解的领域也极为有限。因此，不管他是科学大师，或是凡夫俗子，都需要通过科普增长自己的知识，开阔自己的视野，进一步认识世界，了解世界的奥秘。

科普作品不是教科书，它需要通过类比、联想、对照等手段，以通俗的形式，让人们理解科学发展的脉络和各种科学知识之间的关联，以获得更丰富的科学知识。而文笔优美、内容丰富、形式新颖、图文并茂的科普，使人们更为迅速地了解这门科学的知识和内涵，解决了心中的疑惑，同时也得到了美的享受。

科学的世界，是千变万化的世界，精彩纷呈的世界，但也是按照自然规律运行的世界。它很神秘，但可以被理解，被解读，难的是怎样有趣而又严谨地展示它。这是摆在科学家和科普作家面前的神圣义务。

当我拿到这一套集知识性、通俗性和趣味性为一体的科普丛书时，真有点令人惊讶、爱不释手的感觉。这是一套由多位科学家和科普作家共同创作、精彩纷呈、图文并茂的科普丛书。它的特点是，用独特的图解编排形式，将大量相关却又涉及不同学科的知识串联起来，转化成直观的图像，以通俗的语言、简约的方式和轻松的手法将知识传递到阅读者的大脑，启发人们的想象。书中大量精美的图片和活泼有趣的行文，会让你在阅读时兴味盎然。借助科学家的视野，你将以崭新的视角重新了解这个世界的广阔，窥探宇宙的奥秘和世间万物的神奇以及人类科技的精妙！

在探索求知的道路上，不分长幼，不管是科学大家还是普通大众，人人都是沙海拾贝的孩童。爱迪生说：惊奇就是科学的种子。相信借由这套书的阅读，你会迅速成长为一个知识达人。当你能够像这本书的呈现形式一样，将所获的知识转化为一张张图表，它就会变成你的学问、创意与能力，在你的面前展现无限美妙的前景。

周立伟

中国工程院院士

原北京科普创作出版终评委员会主任

交通简史 目 录

前 言 ● 世界上最快的交通工具

2／世界上最快的量产车

3／世界上最快的载人飞行器

4／世界上最快的客渡轮

5／最快的轨道交通工具

第一章 ● 陆地：
高速度的奇迹与令人惊叹的机器

8／未来的汽车

16／直线加速赛车

18／改进后的大功率高速中型车

22／现实中的邦德车

30／Pit-BullVX反恐装甲车

32／改进后的环保车

34／超级摩托车

38／终极版娱乐车内部

40／世界上最快的火车

第二章

空中：
空中巨无霸内部一瞥

50／超声速喷气机

58／波音787梦幻客机

62／空中客车A380

64／太阳能飞机

66／登上空军一号

68／新型协和式超声速喷气机

72／在货运飞机上

74／垂直起降飞机

第三章

海洋：
登上这些非凡的海上奇迹，扬帆起航

80／海洋猎手

88／XSR48超级游艇

90／气垫船

交通简史

92／超大型油轮详解

96／极限潜水器

98／两栖机器

第四章

军用：
那些影响现代战争的机器

104／空中间谍

112／"海鹞"战斗机

114／隐形轰炸机

116／米高扬米格-29

118／F-14"雄猫"式战斗机

120／AH-64D阿帕奇"长弓"

122／西科尔斯基MH-60"黑鹰"

124／坦克：100年的战火历程

132／隐形战舰

136／"伊丽莎白女王"号

138／新一代战舰

第五章　历史上的交通工具：改变世界的标志性机器

144／协和式飞机

146／"超级马林"喷火战斗机

148／"兰开斯特"轰炸机

150／"梅塞施米特"式Me262战斗机

152／F-86"佩刀"战斗机

154／1910年福特T型车

156／"苏格兰飞人"机车

158／"五月花"号

160／"胜利"号战舰

162／"卡蒂萨克"号帆船

164／U型潜艇详解

166／深海潜水器"的里雅斯特"号

前言 | **世界上最快的交通工具**

道路上的颠簸

设计能够打破极速纪录的超声速车辆的最大挑战之一就是阻力。甚至低空飞行的喷气战机也仅仅达到1 600千米/时的速度,而且它还没有轮子在地面的摩擦力。地平面的空气要比高海拔的空气密度更大,这意味着汽车必须具有极大的空气动力(因此才设计成火箭形态),并能产生不可思议的巨大推力。陆地极速竞争者之一,"澳洲侵略者"陆地极速车已经解决了这个难题,其方法如下:让司机坐在1台几乎长达16米的火箭发动机上,该发动机能够产生276千牛的推力。车轮是另外一个巨大的挑战,因为它们一方面要以难以想象的速度转动,同时还要牢牢地贴着地面。这一问题的解决办法就是造出永不疲倦的车轮,它要么是由钛,要么是由铝合金加工而成,以极高的强度重量比而为人称道。"澳洲侵略者"的铝合金车轮每分钟转速设计为10 000转。当"推进"号超声速跑车冲破了声障时,巨大的冲击波使得车辆下面的沙土流态化。新一代火箭车正用计算机模拟技术来抑制这些振动。

一些人争辩,轩尼诗总体而言要比布加迪"威龙"跑得更快,但这还有待证实。

速度与加速度的对决

在2013年1月,一辆轩尼诗"毒液"超级跑车在得克萨斯一家机场跑道上呼啸而过,打破了世界的加速度纪录。它在13.63秒内从0达到了300千米/时的速度。加速度不同于速度。加速度是V形8缸发动机转矩(力量)除以"毒液"跑车质量的结果(即加速度=力/质量)。"毒液"跑车能如此快速地加速是因为它1 244千克重的车身是由160千克/米的转矩起动的。更加笨重的布加迪超级跑车在冲刺的时候输给了"毒液"跑车,但仍旧能够以更快的最大速度平稳行驶。

其他陆地上的速度魔王……

最快的风力汽车
Ecotricity公司的"绿鸟"车,203千米/时

最快的摩托车
Ack Attack摩托,606千米/时

最快的活塞发动机汽车
速度魔王,743.5千米/时

世界上最快的量产车

对布加迪"威龙"超级跑车,你首先注意到的不是它如兰博基尼般漂亮的外形,而是其霸王龙般的怒吼声。布加迪的16气缸发动机释放出1 200马力[①],在2.5秒钟内就令人惊愕地以0~97千米/时的速度风驰电掣。阻碍布加迪超越431千米/时速度的唯一障碍就是它的橡胶轮胎,它会在外力作用下散架。而且四个轮胎的价格就高达42 000美元,但安全第一,等后悔就为时已晚了。为了释放如此巨大的力量,8升发动机就得大量消耗燃油。如果开足马力的话,布加迪在12分钟内将耗尽油箱里所有燃油。

① 1英制马力=0.745 7千瓦。

"威龙"超级跑车
重量 1 888千克
变速器 7速
价格 2 500万美元
最大速度 415千米/时
加速度 2.5秒内速度可由0加速到97千米/时
发动机 16缸1 200马力

世界上最快的载人飞行器

有史以来最快的载人飞机于47年前创下其飞行纪录。在太空竞赛的早期,人们设计出X-15试验机用来在太空的边缘测试航空工程的极限。X-15外形如短翼战斗机,在发动机罩下装有1台火箭发动机。为了飞行,它需要搭乘庞大的B-52载机到达13 700米高空。从B-52轰炸机上释放后,X-15点燃液体推进燃料火箭发动机,这使其能产生500 000马力。它自身携带的燃料仅能维持83秒的动力飞行,但这也足以使它载入飞行纪录册。

火箭发动机
XLR99发动机是节流式的,这就意味着推力可以由一半调整到全部。

短翼
短而粗的翅膀产生较小的空气阻力以便提高速度,但这使得飞机更难以控制。

外机身
为抵御高速飞行时产生的极高热量,机身外表涂了一层铬-镍合金。

氧气供给
因太空边缘氧气稀薄,X-15不得不自己携带氧气作为燃料。

脱离罐
X-15在着陆时二次循环被破坏,燃料箱将被重新设计以脱离机身。

机头前轮
由于无法控制前轮,因此X-15得在湖床上而非跑道上着陆。

北美X-15试验机
- 最大速度 7 274千米/时
- 最大高度 107 960米
- 飞行任务 199次
- 意外死亡事故 1
- 爬升速率 305米/秒
- 推进 反应式电动机 XLR99火箭发动机

航空动力学挑战

高速飞行器面临的工程挑战令人惊异,与建造世界最快的汽车类似。阻力依旧是头号公敌。当飞行器的飞行速度接近声速时,飞机周围流动的气体变得更具黏性,紧紧"粘在"飞行器的表面并改变了它的空气动力形态。与高速气流的任何摩擦都将引起极大的振荡、难以置信的高温及冲击波。为了取得最佳的航空动力轮廓,超声速飞机都有向后倾斜的机翼、以便安全地保持在超声速冲击波形成的圆锥内。F-14战斗机能拉紧机翼以使飞行达到最快速度,在低速飞行时又可以将机翼展开以更好地控制飞行。同样,超声速飞行器也是采用诸如铝这样的轻质材料建造,以进一步降低阻力。

当然,若没有强大的发动机动力,你绝不可能达到超声速。1947年生产的打破声障的X-1试验机由1台火箭发动机推进,但现代涡轮喷气飞机发动机,像"协和"的4台罗尔斯·罗伊斯涡轮风扇发动机,也能以超声速飞行。但高超声速飞行——例如,大于5马赫的——又要面对自己独特的一系列挑战,因为气体分子开始分散并产生相互叠加的冲击波。诸如"猎鹰"HTV这样的试验性的超高声速飞行器设计更像是科幻小说中的飞行器,而不像传统的飞机。

第二代"猎鹰"高超声速飞行器HTV-2的测试飞行大约持续了9分钟,之后,由于热损伤迫使任务不得不终止。

其他空中速度魔王……

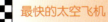
最快的太空飞机
"维珍"银河太空船二号,1 752千米/时

最快的喷气机
"黑鸟"SR-71,3 185千米/时+

最快的无人机
"猎鹰"HTV-2,20 921千米/时

破浪前行

正如在空中与地面一样,打破水上速度纪录的最大障碍也同样是阻力。水的密度大约要比空气密度大1 000倍,颇具讽刺意味的是,要增加水上速度的最佳方式是与水面接触得尽可能少。你看快艇比赛时,大部分船在高速行驶时都是升出水面的——这是一个空气动力工程学上的壮举,被称作"托衬"。美洲杯比赛里双体船的两个船体完全跃出水面,仅驾乘在极薄的水翼叶片上。双体船的设计增加了船的总体稳定性而无须船身深入水中。

其他最快的水上速度魔王……

最快的军舰
美国海军"独立"号,83千米/时

最快的气垫船
Universal公司的UH19P气垫船詹妮二号,137.4千米/时

最快的水翼船
美国海军清新一号水翼船,155.6千米/时

"澳大利亚精神"

澳大利亚快艇运动员肯·沃比从小就梦想能打破世界纪录。他的英雄,英国的"超胆侠"唐纳德·坎贝尔就是在试图破纪录的时候丧生。20世纪70年代时,在无人赞助的情况下,沃比在一次澳大利亚空军的盈余拍卖会上买下3台笨重的火箭发动机,之后在悉尼自家的后院里建造了名为"澳大利亚精神"的快艇。沃比根据多年的驾驶快艇经验绘制出三点式水上滑艇的设计样式。在此设计中,船身的下面只有三个部分会在高速行驶的时候触及水面,因而大大降低了阻力。在一家大学风洞实验室及澳大利亚空军的帮助下,1978年,沃比达到了511.1千米/时这样令人胆寒的速度——这一纪录一直保持至今。

世界上最快的客渡轮

最大速度 107.4千米/时
船身长度 99米
自重 450吨
乘员 1 000人
包厢 150间

INCAT "弗朗西斯科"号客轮

看着一艘小巧的快艇在大洋上驰骋是一码事,但看着一艘长达99米的客轮以每小时超过93千米的速度行驶绝对令人头晕目眩,而且船上搭载有1 000名乘客,拥有150间包厢。"弗朗西斯科"号是澳大利亚造船商INCAT公司的最新突破:一艘具有两个船身的双体船,它由2台巨大的涡轮发动机通过燃烧液态的天然气(LNG)提供动力。发动机迫使水流穿过2个巨大的喷水推进器,以此推动船只行驶,它犹如一把灼热的尖刀插入黄油一般破浪而行。"弗朗西斯科"号将把乘客舒适且快速地从阿根廷的布宜诺斯艾利斯运送到乌拉圭的蒙得维的亚。

LM2500船舶燃气涡轮

近距离查看"弗朗西斯科"号的动力源

压缩机
旋转的扇叶吸入经一系列压缩叶片以18:1的比率压缩后的空气。

燃烧室
液态天然气被注入压缩气体室并被点燃以释放巨大的热量。

涡轮机
灼热的废气气流带动与喷水式推进器连接的涡轮机转动。

计时:伦敦到纽约

世界上最快的交通工具以最快的速度需要多长时间穿越大西洋(如果有一座桥的话)?

FV101 蝎式轻型坦克
76.8小时

VeloX3 自行车
41.7小时

轨道交通工具的速度

高速列车的未来无疑是极具吸引力的。磁力悬浮原理使列车能悬浮于轨道与车厢之间由于相反的电磁场产生的 1～10 厘米的气垫上，由此减少阻力。2003 年中国上海的磁悬浮列车成为第一辆商用磁悬浮列车，并且仍旧保持着商用列车的运行速度：431 千米 / 时。然而，日本正在开发东京至名古屋的磁悬浮列车线路，并在测试中取得了 500 千米 / 时的速度纪录。科技企业家、太空探索技术公司（SpaceX）的创立者埃隆·马斯克计划将磁悬浮列车发展到一个新的水平。他的超回路设计推动火车车厢在气垫上以接近 1 300 千米 / 时的速度穿过一个密封的低压隧道。如今，在西班牙、法国、意大利、韩国或者其他地方的传统的高铁线路，通过结合使用流线型气动外形、轻质塑料、电力机车，运行速度已经超过 300 千米 / 时。

正在日本测试的 LO 型磁悬浮列车已经记录下的速度达 500 千米 / 时。

快速而奇妙的……

1. 送奶车
作为 eBay 主办的电动机力学挑战赛的一部分赛事，将送奶卡车的电动机换成 8 缸发动机，英国房车锦标赛的车手汤姆·翁斯洛·科尔驾驶一辆不太符合空气动力学的巴吉车就达到 124.8 千米 / 时的速度。

2. 割草机
在英国的本田公司的 Mean 割草机在 4 秒内速度就由 0 攀升至 97 千米 / 时，并声称在轨道上（不是草坪上）的最高速度可达 209 千米 / 时，这使得割草成为一个便捷的工作，但那 1 000 毫升的大排量摩托发动机产生的噪声足够扰民。

3. 警察车队
只有在迪拜……在 2013 年，这座奢华之城又为它的公共安全巡逻队新装备了价值 450 000 美元的兰博基尼"埃文塔多"以及一辆法拉利 FF。罪犯绝无逃跑的机会了。

4. 自行车
VeloX3 由一群荷兰大学生制造，它看起来像一个拉长了的鸡蛋。这种躺式自行车具有超高气动特点的外壳，这使它在 2013 年达到 133.8 千米 / 时这样前所未有的速度。

5. 滑板
米沙·艾尔班是一群大胆的疯狂玩家之王，他们专门练习速降滑板这种竞技运动。2012 年艾尔班在加拿大魁北克的一条山路上创造了一项新的世界纪录，达到了 130 千米 / 时的速度。

最快的轨道交通工具

轻巧、灵敏的蝎式 FV101 坦克夸耀在战区完美地结合了速度与坚固

发动机
最初的捷豹汽油发动机已经被换成了动力更强大的康明斯 BTA 5.9 柴油机。

武器
这种 76 毫米的主炮并非坦克杀手，因为"蝎子"主要是为侦察而非作战而设计的。

轻便
这种快速灵活的蝎式坦克仅重 8 吨，可以轻易超越众多主战坦克，例如重达 62 吨的"挑战者"坦克。

传动链轮
前面的扣链齿轮从发动机那里获得动力来驱动链轨。

行走轮
位于坦克两侧的五个车轮用液压悬浮的方式高速平稳地行驶。

布加迪"威龙"
12.7 小时

"澳大利亚精神"
10.9 小时

陆地极速 Thrust SSC 火箭车
4.5 小时

X–15 火箭飞机
46 分钟

第一章 陆地：
高速度的奇迹与令人惊叹的机器

未来的 汽车

发现改变汽车工业的难以置信的新科技

丰田FT-1概念车
这款赛车充分体现了我们所期待的未来丰田汽车设计中的动力。

福特 C-Max 太阳能动力车
福特新研发的多人运输车是此类型中的第一个,它的车顶装有太阳能电池用来汇聚存储能量,因此它能直接从太阳获取能量。

里马克 Concept One 概念车
这款纯电动跑车夸耀具有骇人听闻的 1 088 马力,这使其成为世界上加速最快的电动车。

汽车世界发展迅猛。事实上,自从卡尔·本茨在1886年申请了内燃机客车的专利以后,汽车从未停止发展的脚步,而且还经常是以出人意料的方式发展。

这个行业里的早期突破促成了我们今天的客车理念。1895年汽车上装的充气轮胎、1904年的自动变速箱,以及1973年的空气动力加强版的后扰流板都是很有说服力的例子。

然而,在数字化的时代里,汽车创新的速度前所未有的迅猛。汽车制造商们不断将酷炫的新技术运用到他们的车辆上,使它们比以往更快、更安全、更经济、更富有吸引力。这很大程度上是因为计算机技术被融入车辆制造中。

计算化的电控单元于20世纪70年代才用到汽车上,以更好地匹配混有空气的燃料,使其在发动机内燃烧从而能为汽车提供运行的动力。在此后的40年里,这些都发生了巨大的变化——尽管尺寸变小了——现在它在很大程度上成了一辆车无所不见的眼睛。

现代的电控单元控制着车的各项参数,包括发动机的性能、牵引力、燃油效率,有的时候甚至还控制何时配置类似扰流板这样的气动辅助设备,何时该打开夜行灯、雨刷。现在由于车上的电控单元掌管着越来越多的任务与行动,驾车变得更加轻松与安全,因为有先进的电脑在车里,大大降低了驾驶时的人为错误。

汽车工业惯于往车里填满新技术,而且占用更小的空间,这就意味着汽车发展的可能性无穷无尽。记住这一点的话,任何人都不可能预测到22世纪之交,未来的汽车看起来、听起来,甚至开起来是什么样。可是,幸亏有汽车制造商们在当代车辆及概念车上引入的极富刺激的各项技术,我们至少对未来的汽车会发生什么变化还是有点想法。

未来汽车的一个明显的变化是一个不得已而为之的变化,随着地球上化石燃料的迅速枯竭,汽车不能再依靠汽油作为燃料来源。因此,随着混合式发动机甚至是全电动车辆成为马路上的常见景象,寻找可替代能源是所有汽车制造商共同的目标。但燃料变革只是这个创新时代的起始——也是未来消费者们兴奋刺激的起始。

宝马i8概念车及量产车

这款车可以与你的智能手机相连

宝马i系列的遥控应用

这种针对ios与安卓的应用可以为你显示宝马i8目前的状况,包括电池的充电状态以及使用效率。

概念车设计

国际车展为厂商提供了一个平台向公众首次展示新设计的以及更新的车辆，国际车展因此而闻名于世，概念车也常常被夸耀。概念车的设计通常比较新奇怪异，它们大多是展现公司创新技术能力的不可复制的设计理念之典范。相比常规公路车的性能，大多数概念车是不实用的，例如，它可能因为没有内部结构看起来甚至是不完整的。仅仅作为原始的创作，绝大多数的概念车未能成功实现大量生产，但它们设计与技术中的某些方面可以在未来版的量产车中得以体现。鉴于此种情形，虽说纯粹的概念车不太会被公众看重，但它们的技术不容轻视，这些车常常超前展现未来技术，而且制造商也意欲进一步改善这些新技术以适合主流使用。雪佛兰伏特可能是这种情形最有名的一个例子：它作为通用公司第一辆由可替代燃料提供动力的电动车在2007年的车展上首秀，经过大的修改后的伏特挺过了生产前的全面测试，于2012年前成功展示于全世界面前。

1. 一位画家按比例手绘未来汽车外形的基本设计。

2. 接着，详细的3D版由一些数码设计师制作出来。

3. 在设计室里，车体的制作则是由手工雕塑完成。在此，一些小的修改调整可以轻易实现。

4. 在几辆原型车辆经过测试，最终设计上的微调完成后，成品终于发布了。

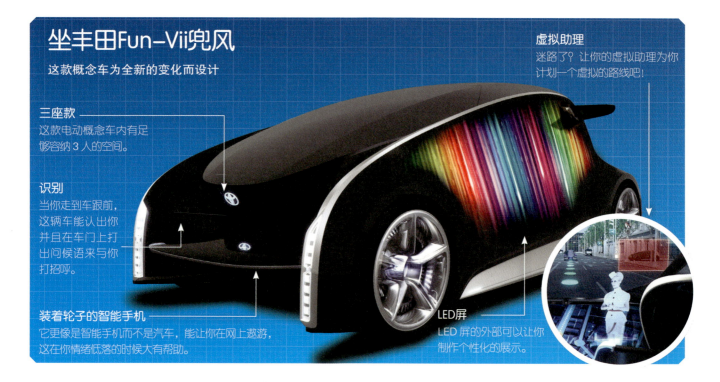

坐丰田Fun-Vii兜风

这款概念车为全新的变化而设计

三座款
这款电动概念车内有足够容纳3人的空间。

识别
当你走到车跟前，这辆车能认出你并且在车门上打出问候语来与你打招呼。

装着轮子的智能手机
它更像是智能手机而不是汽车，能让你在网上遨游，这在你情绪低落的时候大有帮助。

虚拟助理
迷路了？让你的虚拟助理为你计划一个虚拟的路线吧！

LED屏
LED屏的外部可以让你制作个性化的展示。

联通性能

数码技术为我们当代社会带来越来越多的互动,汽车行业正在此方面发挥引领作用,它以智能的联通性能为我们的驾驶带来更多的娱乐甚至是安全。

直到最近,车内的联通性能意味着通过蓝牙连接能使你智能手机上的电话簿与车载通信系统相连,这样你就可以在驾驶时不用动手就可以打电话,但也仅此而已。

但是,现在的技术创新意味着联通性能做的远远不止那些。当代汽车的联通性能使你依旧能完成各种平常在智能手机上做的诸多事务,只需将它重新装在一个适合的车内更安全、更友好的体验环境中。例如,现在你的手机收到的短信、推文,以及"脸书"上的消息都可以通过车内的自动语音系统为驾驶员大声读出来,甚至通过汽车扬声器循环播放你最喜欢的播放列表上的内容都成为标配。而且,它同时还要时刻监控交通状况或者查看天气。此外,并非所有的应用都是出于娱乐目的。未来版本的联通技术意味着你甚至可以遥控起动你的汽车——也许在寒冷的早晨,在你离开家门的时候就可以让汽车预热——以及可以通过智能手机上的应用来追踪汽车(对将车借给他们十几岁的孩子开的父母来说,再好不过了),而且针对驾驶员的应用能监测你开车时的心跳及压力级别。

这一切都促成了一个革命性的新环境,在此,驾驶员可以获得海量的实时信息,而同时又能与他人通话,甚至还能沉浸于音乐与播客当中,而无须让视线离开道路。

车对车通信
这种机智的无线技术很快就会降低交通事故并帮助应对交通拥堵

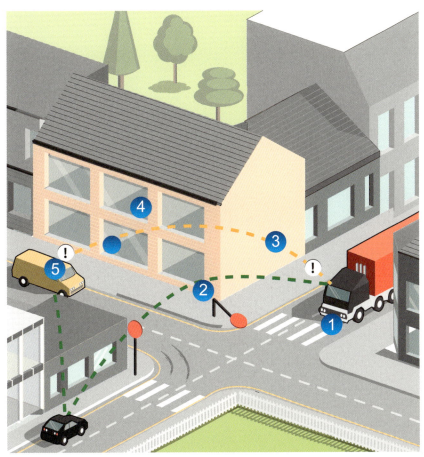

1.场景
画面中的车辆都在朝一个路口开过来,完全不知道另一辆车正在靠近。

2.危险感知
由于停车标志被撞倒了,人们可能意识不到他们应该在交叉路口停下来,因而很可能会发生交通事故。

3.车对车通信
由于这个创新性技术的使用,每一辆车都会发射出一个信号,以被其他车辆接收,这样就可以确保两个驾驶员互知对方的存在。

4.通知
如果另一辆车被当作重要的潜在危险而通告,驾驶员会被一个自动发送的消息警告,以使他们了解面临的危险。

5.行动
如果一辆车过于接近另一辆,系统就会自动启用制动装置。

设计未来
保时捷的设计总监迈克尔·莫尔讲述他们的设计过程

设计一辆车要花多长时间?
莫尔:不同项目花的时间各不相同,有很多因素要考虑:这是一个融合新科技的全新车辆,或者只是当前车型的修订版?

设计过程值得做吗?
莫尔:每一个设计车的人都感到承担着巨大责任,因为这是人们看见的新型车的第一部分,而且帮助形成那种第一印象。就保时捷911车型而言,我们都知道自己在做的是非常特别的事情,因为汽车有如此伟大的历史。每一次都有一个强烈的欲望要设计出完美的应用包,要优化设计。经常见到设计师们为了这儿的1 000克重量,那儿降低1厘米而争论不休。

新车的工程学方面有多重要?
莫尔:非常重要,尤其是今天还有环保方面要格外小心谨慎。这无疑是汽车的未来。所以,保时捷面临的挑战是,要让制造出来的车辆一方面环保,而又不能丧失其性能优势。

品牌有多重要?
莫尔:至关重要。就保时捷而言,无论我们怎么处理911这款车,你都得考虑它将在技术与设计上如何影响其他的产品。像911这样的标志性汽车必须有它的招牌要素,但它同时也要与时俱进,以保持新奇有趣并能与对手齐头并进。但是你不能为了改变而改变,你应该为了改进而改变。

安全技术

如同创新技术使我们对车的体验更加轻松舒适一样,让我们的车更加安全的研发也一直在进行。

现在比起简陋的气囊已经前进了一大截,汽车安全已经发展到更加复杂的系统,包括牵引力控制、防锁刹车系统,甚至是预防性紧急刹车。为了让司机看得清楚,摄像头正在取代镜子以减少盲区。新的激光车前灯正由德国汽车工业的巨头奥迪与宝马试验,它将为夜间驾驶提供2倍的激光照明区域。可是,目前车内实施的增加汽车安全性能的方案相比较而言却有限,例如,想想内嵌着传感器的安全带,用来监测呼吸以感知司机在驾驶时的压力迹象。

而且,这些性能绝不是融入疯狂的概念车中的那种遥不可及的技术,它们正被引入量产车中。举一个例子说明,美国的福特汽车公司发布了能监控心跳和血糖水平的活动座椅的细节,如果读数变危险的话,它就可以打电话叫医生。

当然,汽车安全技术的尖端并非由汽车生产商来引领,而是由一个科技巨头引领:谷歌公司已试验自动系统很长时间了,甚至还在加利福尼亚的道路上测试它自己的全自动车辆,现在甚至在全世界更多的地方测试。

自动驾驶车辆运用各种激光、雷达及摄像头以便能在路上成功驾驶。一些人认为持续驾驶时它要比人更可靠,因为人可能会由于疲劳而分神。总而言之,自动驾驶车辆有诸多安全优越性。

发展中的驾驶员安全技术

目前正在测试中的汽车技术监控你的健康以及安全

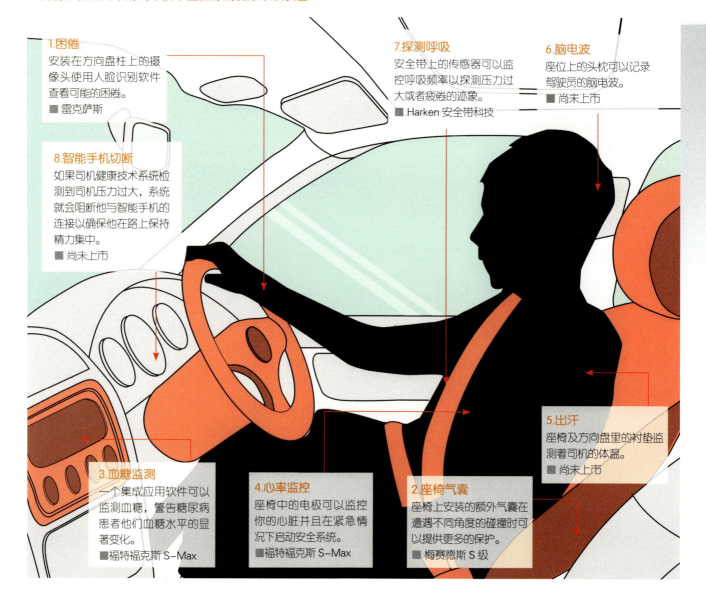

1.困倦 安装在方向盘柱上的摄像头使用人脸识别软件查看可能的困倦。
■ 雷克萨斯

8.智能手机切断 如果司机健康技术系统检测到司机压力过大,系统就会阻断他与智能手机的连接以确保他在路上保持精力集中。
■ 尚未上市

7.探测呼吸 安全带上的传感器可以监控呼吸频率以探测压力过大或者疲倦的迹象。
■ Harken 安全带科技

6.脑电波 座位上的头枕可以记录驾驶员的脑电波。
■ 尚未上市

5.出汗 座椅及方向盘里的衬垫监测者司机的体温。
■ 尚未上市

3.血糖监测 一个集成应用软件可以监测血糖,警告糖尿病患者他们血糖水平的显著变化。
■ 福特福克斯 S-Max

4.心率监控 座椅中的电极可以监控你的心脏并且在紧急情况下启动安全系统。
■ 福特福克斯 S-Max

2.座椅气囊 座椅上安装的额外气囊在遭遇不同角度的碰撞时可以提供更多的保护。
■ 梅赛德斯 S 级

丰田FV2

FV2 以某个创新技术为特色

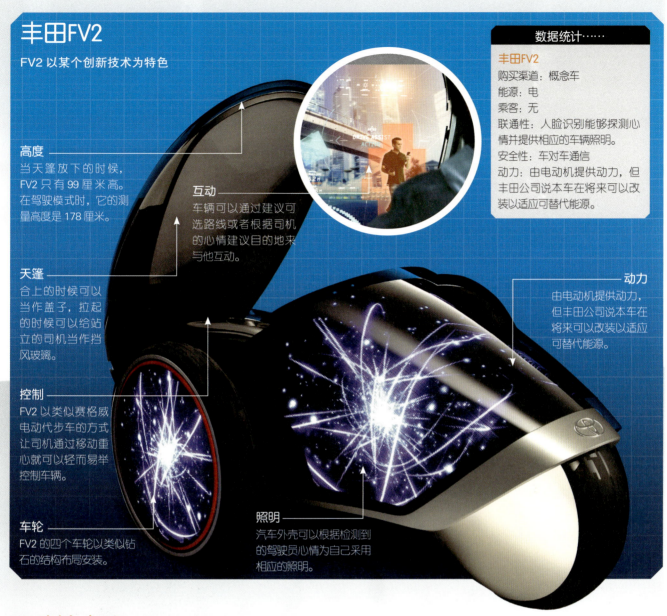

高度
当天篷放下的时候，FV2 只有 99 厘米高。在驾驶模式时，它的测量高度是 178 厘米。

天篷
合上的时候可以当作盖子，拉起的时候可以给站立的司机当作挡风玻璃。

控制
FV2 以类似赛格威电动代步车的方式让司机通过移动重心就可以轻而易举控制车辆。

车轮
FV2 的四个车轮以类似钻石的结构布局安装。

互动
车辆可以通过建议可选路线或者根据司机的心情建议目的地来与他互动。

照明
汽车外壳可以根据检测到的驾驶员心情为自己采用相应的照明。

动力
由电动机提供动力，但丰田公司说本车在将来可以改装以适应可替代能源。

数据统计……

丰田FV2
购买渠道：概念车
能源：电
乘客：无
联通性：人脸识别能够探测心情并提供相应的车辆照明。
安全性：车对车通信
动力：由电动机提供动力，但丰田公司说本车在将来可以改装以适应可替代能源。

驱动轮安全

沃尔沃 XC90 的新安全技术已经融入每一个层次的驾驶中

自动刹车
这款 2015 XC90 以自动刹车技术为特色，当雷达检测到碰撞已经迫近时，自动刹车就会启用。沃尔沃说这个技术在繁忙的城市十字路口格外有用。车辆会自动启用刹车装置以避免碰撞，甚至无须司机启用停车。

空气悬挂
新版的 XC90 提供空气悬挂作为任选附件。这是电控的，意味着司机在座椅上就可以调节设置。空气悬挂有五种设置选择，以使车内乘客尽可能乘坐舒适。

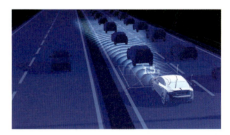

排队辅助
在车流中缓慢爬行对任何一个司机来说，都是件令人怒火中烧的事情，但是沃尔沃的 XC90 力图以其带排队辅助功能的自适应巡航控制系统来去除这种单调乏味。XC90 通过使用雷达慢慢跟着前面的车辆，刹车与控制被自动控制，以便车辆能一直紧紧跟着前面领头的车。

城市汽车

随着这个星球上的城市在持续膨胀，可以理解，空间变得极为稀缺——这也包括道路在内。而且，为了让地球的环境更好，政府法律还命令汽车必须达到更低的尾气排放。世界上像伦敦这样的大城市开始向在低排放地区行驶的车辆收取额外的税费。因此，在将来，车辆必须适应城市新生活。

幸运的是，小型混合动力汽车的出现标志着转变的开始，汽车制造商们已经准备好满足对城市汽车的新要求。这些车，例如大众 up、斯柯达 Citigo，不仅小巧紧凑、节省空间，而且还特别环保，这意味着司机无须为越来越严厉苛刻的城市排放规则而懊丧。

由于城市人口稠密而且交通量大，在这种行动迟缓的环境里，车里的大功率发动机是多余的。因此，这些新型的城市车辆装配的是小功率发动机，诸如大众 up 上安装的 1 升发动机。这其中的好处是双重的：首先，发动机更加环保，这意味着它们符合税法与尾气排放法的规定，再加上它们将使用较少的燃料（由于发动机的小容量），使得这些车辆跑起来很便宜——这是在整体汽车市场中这部分车型受欢迎的又一个原因。如果丰田 FV2 概念车是一个可以判断的标准，在今后，这些城市汽车会变得更小。

雷诺TWIZY电动车

雷诺生产的这款智能车是一辆紧凑的双人位电动车，它已经上路。

雷诺KWID概念车

这个法国汽车制造商的新概念车在汽车的设计与布局上都很稀奇古怪

车门
它们由电动打开，类似于劳斯莱斯上闪闪发光的物件！

内部
雷诺说，设计上受到鸟巢的启发，座椅上的白色可以令人联想到明亮轻松。

尺寸
由于 KWID 小巧的本色，车轴两边几乎没有什么突出部分，这使它成为一个理想的城市交通工具。

仪表盘
这款车的仪表盘可以用作集成的平板设备，可以让司机直接控制"飞行伙伴"及其他的联通性能。

混合动力车如何运行

起动

正常驾驶

加速

减速

停车

起动

电动机自始至终在使用
- 汽油发动机使用中
- 蓄电池电源使用中
- 电池重新充电

飞行伙伴
与雷诺 KWID 一起面市的还有一架可以遥控的无人机,它可以飞到空中去监控交通或者拍照。

发动机
这款 KWID 由 1 台 1.2 升涡轮增压发动机提供动力,这样可以使尾气排放保持较低水平,同时使能量处于较高水平。

司机位置
方向盘被安装在仪表盘的中部,这样司机就坐在前排座椅的中间,而不是坐在右边或者左边。

座椅
这款五座车打破常规之处在于,其三人座安装在两人座之前。

可替代能源
这款 KWID 可以切换到纯电动,如果这个技术成为主流。车上已经为将来安装电池预留了空间。

统计数据……

雷诺KWID
购买渠道:概念车
动力来源:涡轮增压汽油机,但以后可以调整为电动。
乘员:5 人
联通性:可以从仪表盘上的平板控制"飞行伙伴"无人机。
安全:方向盘居中,因此无须左座或者右座驾驶。

直线加速高速赛车

司机安全
七层救火衣、臂部固定装置、七点式安全带、颈部固定装置、安全头盔保护着司机的安全。

车身
作为空气动力重要部分的车身,由金属镁或者碳纤维制作而成,这样可以使其灵活而且坚固。

轮胎
细小的前轮胎除了导向功能,其他用途并不很大。后轮胎有48厘米宽,承受4~5磅[1]/平方英寸[2]的压力。因此,在比赛中它们会膨胀。

底盘
由90米长的铬钼钢制造而成,车身灵活而且坚固。为安全起见,司机被围在一个笼子里。

直线加速赛车

8 000制动马力,4秒内由0加速至483千米/时,让我们看一看各位竞速王

在这个星球上最刺激、凶猛、壮观的车辆无疑是改装而成的高速赛车,它们是所有赛车中名副其实的王者。直线加速赛是两辆车在一条标准的1/4英里[3](402米)跑道上进行的一种静止加速赛。

这项运动中最快的跑车——top fuel 直线竞速车,最醒目之处就是它硕大的10米长的车身。如此设计是为了让车手在踩油门的时候能完美地转移重心。静止的时候,重量的66%在臀部,34%在身体的前部。汽车起动时,在0.1秒内98%的重量就落到臀部上了。这是完美的重心转移,意味着更大的控制与牵引、没有多余的动作,在0.8秒时间内由0加速到161千米/时。它的加速度如此之大,这仅需车身长度2倍的距离就可以达到。483千米/时只用4秒就能达到,而标准的1/4英里比赛路程在4.6秒内就能完成,此时速度已达到515千米/时。之后,在终点线驾驶员会用两个减速伞来减速。

赛道要用橡胶与各种胶合物做特殊准备,后轮胎基本是庞大的光头胎,需要在巨大热量中旋转加热。赛车由8缸发动机通过燃烧硝基甲烷来提供动力。这是一种爆炸性物质,要比一般的汽油威力大4倍。这些车是用铬钼钢手工制造的,在车的前面和后面都有巨大的车翼,或者叫"翅膀",这会产生数吨的下压力以使它紧贴着地面。落位于发车线之后,车辆要使用外部的起动电动机来发动。车手将车向前滚动并且转动后轮以加热轮胎为比赛做好准备。这会在赛道上留下一道新的橡胶印,要从那里发动车辆。工作人员将车正好放在新的车印里。之后,车手将注意力集中在"圣诞树"发车光系统上。随着车手将油门踩到底,他们

100米短跑运动员	43.18秒,时速29千米
小轮摩托车	15.9秒,时速134千米
微型汽车	15.44秒,时速148千米
布加迪"威龙"	10.8秒,时速225千米
Top fuel 加速赛车	4.6秒,时速515千米

---

[1] 1 磅 =0.453 千克。
[2] 1 平方英寸 =6.452 平方厘米。
[3] 1 英里 =1.609 千米。

发动机
8升增压直喷式8缸赛车发动机靠燃烧硝基甲烷可以产生8 000马力的动力。

车翼
前翼与后翼使汽车贴地。后翼产生超过8吨的下压力，前翼则产生2吨的下压力。

加速竞速赛的时间轴
在4.6秒内可以发生许多事情

0~1秒 发动
踩下油门，后轮卧下，前轮抬起，0.8秒内加速到161千米/时，滑动离合器产生7g加速度。

1~2秒 前移
轮胎迅速膨胀，前轮落下，离合器关闭，现在速度达290千米/时，5g加速度。

2~3秒 开始飞行
轮胎已几乎完全膨胀，离合器几乎锁定，每秒钟消耗1加仑[1]的燃料，速度高达402千米/时，4g加速度，车翼产生8吨的下压力。

3~4秒 全速
轮胎已膨胀到最大限度，离合器与发动机完全结合，速度已达483千米/时，加速度定格为3g。

4.6~5秒 哇
515千米/时，每秒120米的速度，减速伞已经展开，加速为−7g，减速度为161千米/时。

1.灯光
灯光照过发车线，等前轮到位时，光就被切断。

2.预备
"圣诞树"顶端的两个灯泡被点亮。

3.就绪
当两个司机将灯都点亮了，他们已准备就绪可以出发了。

4.倒数计秒
发车器按下开关，灯在变绿之前0.4秒内倒数计秒。

5.起跑犯规
如果抢跑你就会得一个红灯，这意味着你被淘汰出局，早早就得退场。

"圣诞树"
赛道上的发车系统

将会体验7g的加速度。赛车将会在1/4英里长的赛道上一直加速到终点线。随着两个减速伞的展开，车手将会体验到−7g的加速度。车手被关在一个铁笼子里，全身穿着防火服以确保安全。

因为动力如此强大，每一次比赛发动机都会受到撞击。这就意味着工作人员要把赛车上所有的东西都拆开，以检查是否有损坏，并且为了下一场比赛要在一个半小时内将所有损坏件替换，将赛车修复。

直线加速赛是一项危险而刺激的极限运动。

① 1加仑 = 3.785升。

用来为V8发动机提供动力的硝基甲烷是极易爆炸的燃料。

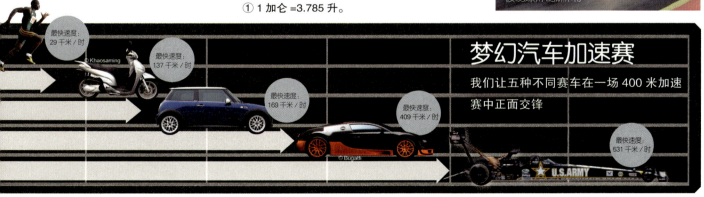

梦幻汽车加速赛
我们让五种不同赛车在一场400米加速赛中正面交锋

最快速度：29千米/时
最快速度：137千米/时
最快速度：169千米/时
最快速度：409千米/时
最快速度：531千米/时

改进后的 大功率高速中型车

用一系列尖端技术抹杀欧洲多年的工程技术

几十年来,尽管北美大功率高速中型车声名显赫、外形靓丽,但它们还是被汽车专家们当作不过是直线型的改装高速赛车而不屑一顾,不过是能输出不少原始动力的机器,常常缺少它们欧洲对手表现出的那种全面的性能与设计。批评者们会不厌其烦地拿无法转弯、刹车开玩笑,甚至说在野马之类的车里待几个小时都无法活下去,却完全忽略了这些车辆的工艺与诸多优点。

当然批评者们所言并非完全夸大其词,转弯在过去一直都不是大功率高速中型车的长处。

然而,自2012年起,情况发生了很大变化。新一代的大功率高速中型车撞穿了欧洲超级跑车代理商们的壁垒,令其目前的报价无法匹及。它们在加速、移动等诸多重要的方面胜过欧洲的知名品牌。今天的大功率高速中型车远远不是傻大笨粗的家伙,而是这个星球上技术最精细的高级车辆,不再只是为钱而陪着法拉利、保时捷、捷豹这样的大玩家跑一圈,而是破天荒地跑垮它们,让它们收拾残骸。

这一期的特写就让这些新的汽车怪兽大显身手。我们要看一看目前生产的三种标志性大功率高速中型车。我们会展示它们的动力、性能——最重要的是——将其变成地球上最好的汽车的技术。怎么样,是不是想系紧安全带,准备好体验一下疯狂兜风的感觉?

恐惧,恐慌……
谢尔比GT500的速度甚至超过了加州版法拉利

谢尔比 GT500

终极版野马——谢尔比 GT500 快得可怕，很可能让你的肾上腺素升到前所未有的程度

我们先把一些平常的事情放到一边。2013 谢尔比 GT500 装配着世界上最强大的量产 V8 发动机，也是美国最高效的一种，可以产生 485 千瓦功率。这两个成就因为以下技术的使用或者改进而成为可能：全铝铸模、2.3 升增压器、升级版冷却系统、更大的发动机风扇、重新设计的空气冷却器、更高流量的内部冷却器泵，以及内部冷却器里热交换器高达 34% 的容量增幅。这令人震撼——325 千米/时，虽然令人印象深刻，但对一个有争议的、最富标志性的大功率高速中型车而言，还不是特别让人吃惊。

令人吃惊的是 GT500 如何将巨大的能量变成精妙的性能。毕竟，将 650 马力塞进底盘会造成种种问题，更不要说确保稳固的牵引与转向。GT500 通过一个发动控制系统来处理这些问题——一个电子配置器，它能让司机设置特定起动点的转速——再加上一个托森限滑差速器、Advance Trac 转向辅助。这些先进技术联合起来使这款现代野马车能将原始动力最大化，并在转弯的时候能够控制它。

此外，谢尔比 GT500 还包括顶级的制动系统来完善它的全面性能。附带的锻铝合金正面 48 厘米、背面 51 厘米，它是一个布伦博制造的转子和卡钳系统（前方有六个活塞），以及针对急剧的加速与减速操作的一系列复合刹车片。这些，再加上包含四个配置文件的牵引控制设置，外加福特特种车辆小组（SVT）设计的一套比尔施泰因震动吸收器，确保了车辆在路上及赛道上出色的掌控与安全。

发动机
增压式内部冷却 5.8 升 32 阀 8 缸汽油发动机 485 千瓦，这使得 GT500 能够仅用 3.5 秒就从 0 加速到 100 千米/时。

电子设备
包含四个牵引力控制设置以及比尔施泰因电子调节减震系统提供出色的道路及轨道控制。

制动系统
前面 35.6 厘米布伦博开孔的转子与带六个活塞的卡钳，后面 30 厘米开孔转子及带一个活塞的卡钳帮助 GT500 快速停车。

统计数据……

谢尔比 GT500
长度：4 780 毫米
高度：1 400 毫米
重量：1 746 千克
发动机：5.8 升 8 缸
传动装置：Tremec 6 挡手动变速
0～100 千米/时：3.5 秒
功率：485 千瓦
能效：8.5 千米/升

雪佛兰大黄蜂

大黄蜂擅长突袭欧洲的超级跑车，以极高的效率表现出它的性能数据

正如你所预期的，大功率高速中型车产品中大名鼎鼎的雪佛兰大黄蜂的速度是相当快的。它的速度在5.2秒内就可以从0飙升至97千米/时，可以轻而易举地与捷豹XK并驾齐驱。但与过去的大黄蜂不同的是，今日的车型引以为豪的技术使它不仅仅是可以快速奔跑的机器，而且能够应付大多数地形且无须消耗大量的烃类燃料来起动。

对该性能起关键作用的就是StabiliTrak 电子控制系统（ECM）。它包括四个车轮上的四个速度感应器、方向盘上的一个转向角度感应器、一个制动操作液压单元以及发动机室里的一个总控制单元。这些构件联合起来监控每一个操作，且即时做出调整以保持最大的牵引力。

如何做到这一点？最好要从原理上来加以解释。如果驾驶员要快速向左急转紧接着又右转，转向角度感应器探测到了最初的输入信息就将它传递给主控单元。与此同时，大黄蜂的转速感应器——它用来测量车辆的侧面速度以及绕中心线的转速——决定车直线漂移的投射可能性并将此传达到控制单元。系统的大脑基于反馈做出行动，调整车的左后液压制动系统，降低转速，辅助完成平稳的转弯操作。为了避免转弯过度，当方向盘又转回右侧来转下一个弯道时，StabiliTrak 就会评估左前轮的转速并重复上述过程。这一次是降低右侧的旋转力，防止车后端甩出去。

促成大黄蜂新生的另一个显著的工程壮举就是通用公司的 AFM 智能燃油管理技术的应用。当车辆高速行驶时，这个电子系统能够自动关闭车辆 8 个气缸中的一半以节约燃料并提高每加仑燃料的行驶距离。这要比听起来复杂得多。因为发动机控制模块（ECM）在每一次灭火发生的时候都得改变气缸的点火程序。

例如，一辆大黄蜂只是轻轻踩着油门保持其行驶速度，理想的做法是，ECM 会关闭发动机左侧的气缸 1 和气缸 7，再加上右侧的气缸 4 和气缸 6，发出让剩余的 4 个气缸 8、2、5、3 燃烧的命令。可是，如果 AFM 已经发出请求，气缸 1 仍旧在燃烧，那么 ECM 会自动检测到这个情况，就会将灭火信号推到下一个气缸（例如气缸 8），接下来又要重新安排灭火模式以获得最大的效率。

统计数据……

雪佛兰大黄蜂
长度：4 837 毫米
高度：1 360 毫米
重量：1 769 千克
发动机：6.2 升 8 缸
传动装置：6 挡手动变速
0～97 千米/时：5.2 秒
功率：318 千瓦
能效：9.77 千米/升

发动机
大黄蜂的 6.2 升 8 缸发动机不容小觑。由于一些技术改进，诸如缸膛扩充了 10.3 厘米，9.2 厘米的滑动长度，这个铁家伙就可以产生 318 千瓦的功率。

大黄蜂剖析

解析这款雪佛兰名车的剖面图，它凸显了该车型的一些先进性能

电子设备
通用公司的 StabiliTrak 电子稳定控制系统会自动对比分析驾驶员的转向输入与车辆的反应，并且做出调整，以防止转向过度或者不足。

悬架
独立的四连杆式悬架，52/48 的前后重量比，50.8 厘米的前后轮，确保驾驶平稳以及在高速转弯时更大的掌控力。

底盘
车身由铝制成，长 483 厘米，由于它是轻型材料制造的，大黄蜂仅重 1 769 千克。

传动装置
6 挡速度有两种变速风格——手动及自动——前者更适合赛道驾驶。自动挡会将功率降低至 298 千瓦，但这也节约了燃料。

大黄蜂在5.2秒内就令人惊叹地加速到97千米/时。

道奇挑战者

道奇 SRT8 不仅只向其他大功率高速中型汽车发出挑战,而且向任何敢于跟它较量的车辆挑战。在新型谢尔比 GT500 与雪佛兰大黄蜂将其原始动力与无形的、精妙的先进技术结合起来之时,道奇挑战者却比其他任何车都要费尽心机地摆脱大功率高速中型车的传统。

确实,6.4升8缸这样庞大的发动机轰然发动起来简直能把车体都震散架了,而且这个大块头能产生比兰博基尼盖拉多还要大的转矩;除此之外,由雨天自动电子制动系统、轮胎气压监控器、防抱死开口型制动盘以及转向辅助计算机保障的行驶稳定性是无与伦比的。此外,再加上由独立的前、后多连杆悬架传递的响应力,道奇擅长为使用者提供关键信息,以帮助将驾驶经验最大化。

这里面最关键的就是道奇电子车辆信息中心(EVIC)。EVIC由一台行程计算机、一个重力指示器、两个速度计时器、0.2千米和0.4千米自动记录仪以及一个多媒体信息中心构成。此外,再加上道奇的不规则四边形系统仪表——这包括一个数字式罗盘、一个温度传感器——这些使车辆的性能得到密切监控并根据驾驶条件、地形以及驾驶员的技术水平得到相应调整。

统计数据……

道奇挑战者SRT8
长度:5 021 毫米
高度:1 450 毫米
重量:1 886 千克
发动机:6.4 升 SRT HEMI V8 发动机
传动装置: 6 挡手动变速
0~97千米/时:3.9 秒
功率:350 千瓦
能效:8.14 千米/升

挑战者还带有一个重力指示器,0~97千米/时以及97~0千米/时的计时器各一个。

大展拳脚
将谢尔比 GT500、雪铁龙 C5 及加州版法拉利同台竞技,看看哪一辆车是最佳全能王

按键 ● 第一 ● 第二 ● 第三

雪铁龙C5
重量:1 670 千克	●
能效:14.9 千米/升	●
发动机:1.6 升	●
功率:115 千瓦	●
最大转矩:240 牛米	●
0~100千米/时:8.2 秒	●
最大速度:209 千米/时	●
造价:19 895 英镑(不适用于美元区)	●

谢尔比GT500
重量:1 746 千克	●
能效:8.5 千米/升	●
发动机:5.8 升	●
功率:485 千瓦	●
最大转矩:600 牛米	●
0~100千米/时:3.5 秒	●
最大速度:325 千米/时	●
造价:54 995 美元(不适用于英镑区)	●

加州版法拉利
重量:1 731 千克	●
能效:6.7 千米/升	●
发动机:4.2 升	●
功率:360 千瓦	●
最大转矩:505 牛米	●
0~100千米/时:3.8 秒	●
最大速度:312 千米/时	●
造价:223 055 美元	●

现实中的邦德车

揭秘间谍、皇族、世界领导人防弹车上的百宝囊

喷火器
目前 DB10 透露的唯一装置就是一套强大的喷火器,它可以从汽车后部喷射火焰。

"为了设计DB10,阿斯顿·马丁与电影导演密切合作"

恕不出售
阿斯顿·马丁只生产了10辆邦德车,均用于电影场景中。其中的7辆都在电影破坏性特技表演中报销了。

手动变速箱
由于车辆以6挡手动变速而非自动变速为特点,邦德必须自己手动换挡。

007的新座驾

见识一下007新片《幽灵》中光芒四射、快速敏捷的联袂明星吧

无论他是在追踪恶棍,还是在追求邦德女郎,邦德的法宝总是他的车,这部新片也不例外。在片中,阿斯顿·马丁DB10将与强悍的捷豹C-X75概念车在罗马的大街小巷上演一场疯狂的猫捉老鼠大戏。阿斯顿·马丁与导演萨姆·门德斯密切合作为邦德量身定制DB10,但公司对于车的性能采取了极其严格的保密措施。在电影预告片中,邦德法宝的发明者Q说,这辆双门小汽车"还有几下子要露一手",但他只透露了其中的一点。目前我们所掌握的就到这儿了……

詹姆斯·邦德的令人刺激的冒险展示尖端汽车技术

在最近的詹姆斯·邦德电影《幽灵》中,这个人见人爱的间谍再次与他最爱的汽车品牌阿斯顿·马丁重逢。当然,邦德并非随便开了一辆旧的阿斯顿·马丁。长时间以来,这位温文尔雅的密探在出发毁掉座驾之前总有人会递给他一串车钥匙,这往往是这个星球上最酷炫、充满各种机关设计的车辆。但这不过是虚构的奇思妙想,不是吗?

但实际上这种想法是错误的。越来越多的神经过敏的名流——包括前辣妹组合中的梅尔·班德、说唱乐歌手坎耶·维斯特——一直都在投资装甲车,其中许多人的车上满是诸如电击门把手这样的装备,旨在阻挠狗仔队的追踪或者是可能的劫车盗贼。从外观来看,这些车与常规车型别无二致,但对车内的人来讲,它们是装着四个轮子的堡垒,这让他们在从A地前往B地时能够安心。

美国的得州装甲公司(TAC)一年要装备多达100辆类似的"个人防护车辆"。据公司的CEO特伦托·基姆保尔所言,这种患妄想狂的影视歌星及体育明星在其客户中只占了小部分。相反,大多数的车辆更新,用特伦托·基姆保尔的话讲,都是为那些穿梭于绑架勒索风险很高的地区的"高净值人士"而做的。

阿斯顿·马丁DB10

最先进的性能,让你大饱眼福

发动机盖下面
该车的内部操作基于V8 Vantage,包括它的4.7升V8发动机。

了解最新情况
在《幽灵》的预告片中,Q透露说,DB10在3.2秒内速度就可以从0飙升至97千米/时。

最佳的邦德车法宝

弹射座椅
在《金手指》中,邦德的阿斯顿·马丁DB5装备着一个弹射座椅,可以迅速驱逐任何不想见的人。车上还有内置的机枪、带钉轮胎,并且还能制造烟幕来阻挡敌人。

能潜水的车
在《爱我的间谍》中,007驾驶他的莲花精灵S1行驶于陆地、大海中。当邦德驾驶它离开码头时,它可以迅速变成潜艇;而当它抵达海滩时,又变回汽车。

火箭起动加速器
在《黎明生机》中阿斯顿·马丁V8 Vantage Volante的常规发动机对007而言不够强大,因此他的发动机装备的是一个火箭推进系统。扶手也有一个内置控制面板用来发射激光和导弹。

遥控
在《明日帝国》中,邦德用爱立信手机控制他的宝马750iL,因此,他甚至无须坐在方向盘后面,而且这辆车还有防弹窗及用来电击盗贼的通电的车门把手。

隐身衣
在《择日而亡》中,007只需要启动阿斯顿·马丁V12 Vanquish的自动适配伪装就可以使它完全消失,因而不被察觉。他就可以部署安装在出风格栅处的导弹来打败坏蛋。

去纤颤器
在《皇家赌场》中,邦德喝了掺了毒药的马蒂尼酒后就回到他的阿斯顿·马丁DBSV12中,使用它的内置去纤颤器给胸部做一次快速的电击,这样就帮助他的心脏恢复了正常心率。

在像尼日利亚、柬埔寨、委内瑞拉、洪都拉斯、墨西哥、沙特阿拉伯、阿曼这些国家里，绑架勒索是每天都会发生的事情。对那些富裕的生意人、企业家及中层的主管们而言，花上 80 000 美元武装一辆车以保障自己及家人的安全，不仅使他们免于遭受被袭击时的担惊受怕，而且这样做也很有金融头脑。

对这些客户而言，保持低调至关重要。他们并不热衷以庞大笨重、花里胡哨的汽车来引人注目，以此炫耀自己的身份。这也是为何得州装甲公司（TAC）要从内向外，保持汽车传统的外壳原封不动，几乎没有任何线索能显示出其内在的实力的原因。"这些车大多为豪华型轿车，"基姆保尔解释说，"但我们想尽量将它们保持原样。"

整个车架用最先进的材料加以强化，包括高硬度防弹钢、克维拉纤维、芳族聚酰胺纤维以及高分子聚乙烯，而窗户则用防弹玻璃取而代之。等到 TAC 团队完工，这辆车已经可以防炸。

基姆保尔对他们公司所用的材料极有信心，有一次，他甚至坐到他们公司装配好的车辆的方向盘后面，让他的职员拿一把 AK-47 对准他放了一梭子子弹。YouTube 上的录像证据显示，当子弹在防弹玻璃的上端噼里啪啦把玻璃打成蕾丝样的图案时，基姆保尔甚至躲都不躲一下。

詹姆斯·邦德，伤心去吧。

但所有这一切装甲不是仅靠花钱就能得到，这其中也有汽车性能上的损失，因为额外的重量会影响汽车的操控与反应。"终究，我需要的是一辆能转向、能停车、能做点什么让我逃出杀戮地带的汽车。"安全运输专家乔·奥特拉指出，他曾在世界上最危险的地区为一些好张扬的客户开了十多年的车，目前正在培训其他人干这一行。

宝马X5加强版安防车

第一辆专为防范世界上使用最广泛的枪支 AK-47 而设计的汽车

宝马旨在设计出能像普通车型那样驾驶的安全车。

防弹玻璃
锻压成薄皮的安全玻璃表面涂了一层高分子聚碳酸酯保护层，它可以保护乘车人免受子弹及弹片的伤害。

安全性能
这款车型以下面的性能为荣耀：漏气后仍能行驶的轮胎，自动燃料箱，一个内部通话装置，它可以使乘车人与外界保持通话而无须离开汽车的安全保护。

红外相机是如何工作的

诸如宝马的夜视系统这样的红外相机使驾驶员即便在一片漆黑中也能感知周围的环境。它们"看到"的不是我们的眼睛生来就能感知到的可见光，而是电磁波谱中的红外线那一部分。由于生物在这一段波谱中会散发热量，相机就可以甄别出有人乘坐的车辆以及可能对人造成的伤害。

探测
一个特殊的镜头汇聚视野范围内所有物体散发出的红外线，一个红外线检测器再将其转换成电信号。

夜视范围
红外线相机"看"得比车前远光灯要远得多。

热影像
电信号被转换成可见图像并被投射到驾驶员的控制显示器上。

Illustration by Ed Crooks

官员座驾

保护世界各国领导人及王室的安全性极高的车辆

首相的加高了的捷豹

英国首相戴维·卡梅伦常乘坐一辆改装后的捷豹 XJ Sentinel 往返于各个工作地点,他的司机是伦敦警察厅的一位专业的安防警官。车上配备的防弹门、塑钢装甲、防弹玻璃以及防手榴弹地板保护他平安无事。车内雅致的皮质及木质饰面让他感觉温馨舒适。

首相座驾由一队没有标志的路虎揽胜护卫。

女王陛下的御驾

出席国事场合时,伊丽莎白二世女王陛下总是乘坐两辆为她定制的宾利女王豪华轿车(又称宾利元首级)中的一辆。这是2002年为庆祝女王登基五十周年的献礼。为了便于女王优雅地出入,并且照顾乘车人的能见度,这些全副武装的车门为后铰链式,镶板为可移动式。

女王及她的首席司机对宾利的设计也发表过高见。

见识一下奥巴马的车队

为什么需要这么多车辆?它们都做些什么?

清道车
一辆当地警车在距离车队五分钟车程的前方行驶,以确保行驶路线畅通无阻。

导向车
另外一辆车在距离车队一分钟车程的前方行驶,以确认行驶路线畅通无阻。

先导车
一辆有标志的警车引导车队。

备用车
这是一辆迷惑人的诱饵车,它与总统实际乘坐的车一模一样。

总统座驾
这是总统应该乘坐的正式车辆,但实际上他可能隐身于车队中的任何一辆车上。

护卫车
这辆 SUV 上装备有总统特勤保护的所有细节。

1号电子干扰车
这是一辆电子干扰车,它可以探测简易爆炸装置或者飞来的导弹并发出干扰信号。

总统的安保

由于历史上有四位美国总统被谋杀，其他几位也曾经历谋杀未遂，巴拉克·奥巴马必须知道他的座驾是安全的。凯迪拉克一号，别称"野兽"，有至少12.7厘米厚的防弹装甲。它的车门加固后就跟波音757的门一样重。

虽然"野兽"的安全性能绝大多数是对外保密的，但我们确实知道这辆七座车有自己的氧气供给系统，携带大量与总统相同血型的血液，而且还安装着可以发射烟幕与催泪瓦斯的设施。凯迪拉克一号、部分总统车队再加上军用运输机组成一个"三重奏"陪伴总统往返于世界各地。

凯迪拉克一号由一位受过特殊训练的特勤人员驾驶。

奥特拉认为得州装甲公司（TAC）改装的装甲车辆是业内最好的车辆，因为他们使用的是市场上最轻的防弹钢，而且他们致力于在极度装甲与保持高端车的原始性能之间达到平衡。

"装甲在车的有生时间也许只会用上一次，"基姆保尔解释道，"但车可是每天都要用到的，因此，你要让它的性能像普通的车一样。"为了确保能做到这点，TAC替换了制动系统与悬架系统的部件，并将车上的计算机重新编程以在新的重量水平下尽力维持最佳性能。

尽管如此，装甲车的操作与普通车大不相同，这就使得专业驾驶员的培训至关重要。奥特拉在防御性驾驶、车辆的反伏击、反劫车技能以及进攻性驾驶方面，为个人、政府部门、军队及执法人员提供培训。"在高风险环境里保护某个人，至关重要的一部分就是装甲车。"他说。

奥特拉应该知道这点。"我们曾受到一群人的攻击，他们试图阻止我们的车队，企图绑架或者谋杀我们的主管，"他回忆起自己当司机的时候发生的一件事，"他们企图挡住我们的道路，并且他们车上都装备着AK-47自动步枪。我们可以避开所有阻拦的车辆，因为我们都在装甲车里，虽然我们的车都中弹了，但没有一颗子弹能穿透车身。"

在高风险情形下沉着自信至关重要。"你无法给某人灌输应激反应，"奥特拉解释道，但训练能使驾驶员识别肾上腺素达到极值后的表现——视野变窄、听力模糊，及丧失运动技能——并且克服这些困难，从而采取行动将乘客与车辆带出危险地带。"这种自信对能否幸存至关重要，"他说，"因为装甲车只是为你争取了时间。"

电子对抗

这些设备保护护卫队免受死亡电话威胁

3. 扰乱装置 — 它会发射与一个电话相同频率的强大信号，从而阻断电话与炸弹之间的通信。

2. 爆炸装置 — 简易爆炸装置可以用作路边炸弹，要么显而易见，要么被隐蔽或者掩埋着。

1. 电话触发器 — 电话触发器是一个震动回路，因而它就是炸弹。

特勤车 — 车队中还包括一个特勤队，以应对可能的袭击。

新闻车 — 该车负责运送白宫记者们到总统办公地点。

支援车 — 这些车辆负责运送主要的白宫工作人员，包括军事救援人员，以及总统的医生。

ID车 — 这辆车上乘坐的是与反间谍小组及情报专家联络的特工。

扫描车 — 负责扫描以探测包括化学、生物、放射性危险在内的危险材料。

跑路车 — 这是白宫通信部人员乘坐的车辆，它使总统与外界保持安全的联系。

救护车 — 医疗援助与车队随行以确保不时之需。

清道车 — 一辆当地警车殿后，以阻挡未经许可的车辆加入车队。

Jankel 陆地巡洋舰汽车内部

这款 SUV200 装甲车受到许多军方、民间以及政府人士青睐

行业领袖 Jankel 为世界范围内的警方、安全部队以及军方客户生产装甲车。它生产的丰田陆地巡洋舰 200 装甲车能提供极大的防爆保护,这使得这款车深受在战区这样的敌对环境中工作的人道主义及安保机构的欢迎。

它的装甲是热轧而成的,这意味着它是由 31 块单独的锻压嵌板热浇铸到车辆上的(以传统的装甲方式则需要几百块嵌板)。这种装甲方式可以更快完成,而且成品要比其他方式的产品更便宜、更轻便,并能提供更多的保护。

整车经过广泛的实弹及爆炸检测,包括:数轮子弹的怒射、车顶引爆的手榴弹、座位下引爆的地雷、在距离侧门 2 米远处引爆的 15 千克重的 TNT 炸药。它在这些测试中的表现为它赢得了最高等级的安全保护认证:VR7。

安全通话
一个有线广播系统与内部通话装置可以使车内的人与车外的人安全通话。

报警系统
警报器可以惊吓企图袭击的人并引起人们的警觉。

防护等级:VR7
整个车辆被授予最高等级的防爆认证。

定制服务
可以为客户量身定制信号干扰器、监视设备、车辆定位器、卫星电话,等等。

漏气保用轮胎
哈钦森漏气保用轮胎系统能在爆胎后坚持行驶 48 千米(30 英里)的距离。

热轧装甲减少了 70% 的焊接与螺栓连接。

得州装甲公司如何装备车辆

1. 清除内部装置
车辆被剥得一干二净。车内的所有物件——座椅、地板、车顶、地毯、顶棚内衬以及仪表盘都被扒下,直到车只剩一个空架子为止。这时,它就可以镶上装甲材料了。

2. 不透明的装甲
车身——包括门、地板、车顶、防火壁、油箱——被镶上先进的防护材料,包括轻型复合护甲、高硬度防弹钢、聚酰胺纤维、芳纶纤维、防弹尼龙。

3. 透明的装甲
挡风玻璃、背部玻璃基板以及车门上的玻璃都被换成 5 厘米厚的防弹玻璃。由于它实在太厚了,车窗周围都必须重新修改才能适合玻璃安装。

车窗保留系统
在一个侧向爆炸中，特别制造的框架能防止玻璃被吸出或者被吹进车内。

热轧到 SUV 车身上的装甲减少防护薄弱点。

热轧护甲
31 片钢护甲彼此重叠，形成坚固协调的保护层。

门闩系统
这使乘车人可以将自己封锁在安全的车内。

先进材料
BSEC510 装甲可以比传统的防弹钢板承受更高等级的爆炸而不会破裂。

车轮
重负荷丰田轮胎承受了大量的转弯、径向疲劳及撞击测试。

这正是为何电击车门把手能流行的原因。"我们只是想让他们能脱离险境，想给他们所需的一点时间。"基姆保尔强调说。不同于装甲，他把这种添加只是看作一个附件。"这类东西说起来挺有意思，但并非什么救命的技术。"他解释。接着他又说："客户们常常要求安装在好莱坞电影里见到的物件。"

其他能为可能的受害者换来一点额外的逃跑时间的性能还包括：可以致盲的烟幕，它可以从汽车后面喷出，如果有人害怕被跟踪的话；一个路面大头钉播撒机，可以用来将长钉撒到路面上，以此来扎破跟踪车辆的轮胎。

当然，还有更多重要的添加。漏气保用轮胎用的要么是加固的轮胎壁，要么是坚硬的塑料衬垫，它可以在轮胎被击中后坚持行驶 80 千米的距离，这样就给驾驶员以机会能在他与敌人之间保持一段安全距离。安全的门门锁定系统可以阻止车门在遭到攻击时自动打开——据了解，以前职业绑架者曾想方设法利用这一性能。

最后，类似油箱这样的内部构件也被装甲防护，但并非出于你可能想到的原因。"电影里多次出现这样的场景，他们朝你的油箱开枪，接着它自然而然就会爆炸，其实这根本不会发生。"基姆保尔笑着说道。没有火花燃料就不会着火，但足够数量的瞄准到位的枪击可能会导致不确定的泄漏，从而影响逃跑性能。自动封口泡沫可以确保这样的事情不会发生。

"生命是宝贵的，要保护好它！"得州装甲公司的口号如是说道。虽说他们也许还不能夸耀具有隐身衣设备——就像邦德先生在《择日而亡》中的那样——但是，这些全副武装的安全车辆却足以给普通人在武装暴力随时会出现的地区以精神上的安慰。

4.悬架与制动系统更新
由于增加的装甲可能重达 500~750 千克，车辆必须安装更坚实的悬挂弹簧以及更加能负重的缓冲装置。刹车片与垫片被替换成赛车的零部件以做到能更快停车。

5.零配件
油箱、散热器、计算机模块都装着护甲，漏气保用轮胎也安装到位。如果客户要求安装活动窗、烟幕系统、路面大头钉播撒器或者电击门把手等额外配件，那么还需要安装它们的马达。

6.内部重装
汽车内饰车间的工人会重新设计汽车的原始内饰以适应装甲车的新轮廓、尺寸。通常，他们会尽可能向原始情形靠拢，除非客户要求定制颜色、织物以及座椅等配置。

Pit-Bull VX 反恐装甲车

快速、敏捷、防弹，这种装甲警车是一种新型、强悍的警车，可以当即制止犯罪分子

Pit-Bull VX 是一种装甲接警出动的车型（ARV）。专为特警队而设计的 ARV 装甲车可以提供对轻武器进攻的防护，而没有军用车防护炮火攻击以及反坦克武器所需的重型装甲。

与军用装甲车相比 ARV 车较轻的护甲赋予车辆更快的速度与更大的灵活性。这使得它们适宜在紧急情况下做出第一反应。一旦处于一个敌对的场景中，ARV 坚固的框架意味着战术上它可以用作火力点以拯救人质或者掩护突击队空降到位。

过去，警队总倾向于使用那种商用的皮卡车。这些方式是可以提供一个合理、快速的反应时间，但它们不过是将警察送到一个敌对场景的手段而已。一些特警队开始驾驶军用车辆，但受制于它们的笨重与迟缓，它们并不是为了在第一时间应对紧急情况而设计的。

像 Pit-Bull VX 这样的出警车则在非装甲车辆的速度与装甲车提供的防护之间做了折中。Pit-Bull VX 不仅为车内的 8 名警员提供对轻型武器攻击的防护，还可以防手榴弹的攻击，同时，车上的射击孔也可以让警察在车内用上他们的武器。广播系统与遥控探照灯意味着他们无须走出汽车即可与攻击者通话或者照亮一块区域。不仅如此，如果谈判真的破裂，7.5 吨重的 Pit-Bull VX 的前保险杠是专门为撞车而设计的。

移动堡垒内部

装甲公司不遗余力地要让 Pit-Bull VX 所向无敌。在此了解更多……

旅途护卫
车顶的炮塔舱口可以使警察骑到车顶上进行侦察或者火力掩护。

舱口
车顶有两个逃生舱口可以作为快速紧急出口。

照明
强大的探照灯可以在车内操作，用来照亮一个犯罪现场。

撞击装置
厚重的保险杠直接与车架相连以取得最大的撞击力。

弯曲的车身
Pit-Bull VX 车身的装甲设计没有平整的表面，车顶呈坡形，因此手榴弹、汽油弹等会从坡面滚落。

Pit-Bull VX 是为应对大功率步枪、手榴弹甚至地雷而设计的。

制造一辆装甲Pit-Bull

Pit-Bull VX 的前身是福特 F-550。这是一款重型四轮驱动的皮卡汽车,是美国建筑业的驮马。F-550 的 6.7 升 V6 发动机、传动装置以及底盘在 Pit-Bull VX 中依然保留。可是,其他的一切要么被上装甲,要么是特制。

燃料箱、电池以及排气管都安装着钢护甲镀层,悬架系统也得到加固。无内胎漏气保用轮胎也安装上了,爆胎后它可以以每小时 48 千米的速度行驶。

万一轮胎被割裂,Pit-Bull VX 还可以依靠它的军用等级的轮毂来行进。防弹钢板被用作防地雷及手榴弹的车底板,而车身主体由层层叠叠的护甲层组成。这都是按照美国国家司法研究所 (NIJ) 标准制造与检测的。尽管它是全副武装,Pit-Bull VX 还是比 F-550 的最大使用极限要轻 1 000 千克——而且,它仍旧成功保持着同样的速度与性能。

防弹玻璃

防弹的挡风玻璃及车窗意味着 Pit-Bull VX 的全体乘员有出色的能见度,同时在遭受攻击的情况下还能得到保护。现代防弹玻璃与层压挡风玻璃的制造方式相同。数层薄薄的聚碳酸酯——一种透明塑料——被粘在几层玻璃板之间。外层玻璃通常比较柔软,因而它会随着子弹的冲击收缩而不是破碎。

子弹可能会穿透外层玻璃,但聚碳酸酯可以吸收子弹的能量,从而阻止它穿透内层玻璃。根据提供的防护等级,一个防弹玻璃窗可能由无数层的玻璃与聚碳酸酯构成。Pit-Bull VX 的车窗足够防护 7.62×51 毫米这么大口径的子弹——例如,一支 AK-47 自动步枪。

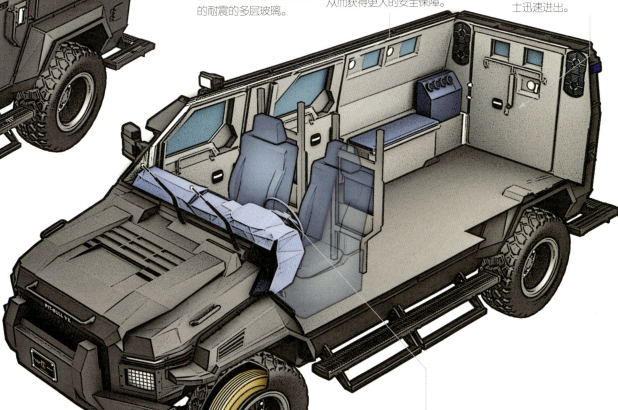

没有缝隙
护甲在所有五个车门上层层堆砌,根本没有子弹的入口点。

防弹玻璃
Pit-Bull VX 上的所有窗户都是使用经美国国家司法研究所 (NIJ) 标准检测过的耐震的多层玻璃。

射击孔
门、窗上安装的射击孔可以使特警队在车内使用他们的武器,从而获得更大的安全保障。

快速出口
后门足有 1 米多宽,可以让全副武装的特警战士迅速进出。

坚固的轮胎
无内胎米其林轮胎即使爆胎也可以行驶。如果轮胎完全破裂,军用等级的轮毂也可支撑着车辆。

驾驶
F-550 原本的驾驶位置及控制装置依然保留,以方便驾驶员接受训练。

改进后的环保车

看看现代电动车如何提升一个档次

装电池的电动车（BEV）存在的时间可能比你所料想的要长久。第一批电动车在19世纪初期出现，而后流行开来直至内燃机接管天下。最初的车型是最基本的，也无法充电。然而，现代的电动车已经比以往改进了许多，而且还攻克了许多从前使它们不适合上路的技术难题。

在爱好驾驶的人士中，就电动车而言，充电时间一直是个大问题。早期的电动车从英国插座上充电通常要花8~12小时。日产为叶子电动车开发的新技术已经使这个时间大大缩短了。

说真的，在一个特别的充电口上叶子大约用30分钟的时间就可将电量由耗尽充到80%的水平。

日产运用了一些富有创意的理论来改善叶子的综合效率。例如，叶子的LED车前灯是为了使气流从后视镜那里偏转而设计的。这样可以降低作用在车上的空气动力阻力，车辆不需要太多的驱动能量就可以前行。

虽说目前的电动车存在电池组占据驾驶室内部空间的问题，然而日产的工程师们却研发了他们自己的电池组来释放空间。这是通过将薄薄的24千瓦时的电池组放在地板下面来实现的。这带来的额外好处是改进了对车辆的手感与结构刚度。

现代电动车在技术上变得越来越先进，其中叶子车已经有专为智能手机开发的应用，可以用来启动充电、激活温度控制，还可以足不出户就查阅汽车可行驶里程的估算信息。

日产叶子电动车内部

看一看为日产叶子电动车提供动力的尖端技术

蓄电池单元
总计192块类似手机电池的电池可以支持车辆行驶长达200千米的里程。

电池组
电池组及控制器重达300千克，因此，被放置的位置应尽可能低，以便改进对车的手感。

再生制动
电动机可以吸收在制动时以热量形式损失的能量，将其存放回电池里。

环保车年代表

我们将从电动车的构想到现今的发展追溯它的兴起

19世纪30年代
第一辆电动马车
苏格兰人罗伯特·安德森制造并驾驶了一辆最基本的（不可充电）的电动马车。

1897年
电动出租车
蒲柏制造公司是第一家大规模的电动车生产商，这使得当时的纽约街头到处可见电动出租车。

1899年
速度纪录
法国生产的名为"La Jamais Contente"的电动车成为第一辆时速达到100千米的电动车。

20世纪20年代
内燃机
到20年代末，电动车已为内燃机车超越。

动力装置
发动机是一台80千瓦280牛米的电动机,其最大速度为150千米/时。

与Quimera RR一起感受刺激

Quimera RR 是西班牙一家生产纯电动赛车的公司,它生产的电动车超级酷炫。AEGT 表示纯电动高级跑车,被认为是太空时代的技术杰作。AEGT 不止有1台而是3台电动机,能让 AEGT 的速度在3秒内由0飙升至60英里/时。电池组与电动机产生522千瓦的功率,1 000牛米的转矩,这即刻就可以用上。电池组的位置放得尽可能低,以确保车的操纵保持灵敏,移动迅速。

在许多方面,AEGT 仍旧是滚动的实验室。在此,创新与发展可以得到检测,以便将来能应用到公路电动车上。

先进的空气动力性能
LED 车前灯是为了使气流从后视镜那里偏转而设计的。这样可以降低作用在车上的空气阻力以提高效率。

充电端口
在车辆的前面,汽车可以在30分钟内由零电量充至80% 的电量。

动力传动系统
由于电动机的瞬时转矩巨大,没有必要安装传动装置及离合器。

1966年
通用公司的 Electrovan 被誉为世界上第一辆氢燃料电池车。

2004年
电动跑车
特斯拉汽车公司开始研发跑车,截至目前它的跑车在全世界31个国家销售。

2010年
量产
三菱 i-Mi 电动车成为第一部销售超过10 000辆的纯电动车。

2014年以后
有了更远的行驶里程与更短的充电时间,未来的环保车已经准备好与内燃机汽车一较高低。

超级 摩托车

因为速度如此之快，一些超级摩托车被裁定为非法。目前这一代的摩托车正在改变双轮交通工具的性质。我们看一看它们所用的一些最醒目、最先进的技术

在极限加速、刹车及转弯方面优化后的超级摩托车是不断进取的、为大众而设计的机器，它们只将一件事情放在心上——纯粹的速度。这是一个没有什么能阻挡的使命。舒适？已忘得一干二净。节约燃料？可笑之极。合法性？有点令人怀疑。

超级摩车托完全改变了人类能在双轮车辆上行驶的速度级别，进一步扩大了车的性能极限及一部分造价，甚至没有哪辆超级跑车能与之争锋。由于职业摩托车锦标赛使用的摩托车与大众摩托车之间的分界日益模糊，以及摩托车制造商之间将车辆的最高速度限制在200英里/时的君子协定瓦解，在新技术的帮助下超级摩托车正在摆脱传统制约的束缚。

超级摩托车的基本原理是采用摩托车的传统设计要素并进一步改善，以将速度与性能最大化。首先，发动机功率得到加强——常常远远超过1升——被装在一个铝合金框架内以减轻重量。发动机也用轻型的复合材料（见"超级摩托发动机内部"弹出提示），被彻底改造并且被重新放置，以优化重量分布、结构完整性，更重要的是底盘刚度。后者之所以重要，是因为它会在加速、刹车及转弯的时候影响推动力及稳定性。摩托车的几何结构也完全被改写，以确保在高速行驶下前后重量分布及车手姿态正确。

这些设计变化包括平滑车底盘，以改善空气动力性能、降低阻力，以及重新调整仪器仪表及控制装置的位置——诸如更高些的脚踏板，较低的手把——以保证优化骑车人的姿态。

超级摩托车还以众多的先进技术与升级的零部件为特征。就制动而言，更厚实的高等级刹车片与更大一些的铁、碳或者陶瓷基体盘式制动器被协同使用，后者又安装着紧夹在超大的排气转子上的多活塞卡钳。悬架系统在前后都可以做多种调节，这使得车辆可以根据路况与骑车风格来调节。此外，左、右的轮叉上还安装着独立的缓冲器以改进阻尼性能（在高速行驶时降低摩擦与振荡）。发动机曲轴（发动机的一部分，将动力冲程的往复线性活塞运动转换为旋转运动）也是定制的，以确保更平稳的燃烧过程。除此之外，每一辆超级摩托车的传动装置也经过修改。

铃木隼鸟GSX1300R

仪表
仪表主要为四个模拟式仪表，分别是：速度计、转速计、燃油量表、水温计。

发动机
隼鸟 GSX1300R 装配着一台 1 340 毫升容量、嵌入式、液冷式 16 阀门发动机。

制动盘
径向贴装前制动卡钳使得 GSX1300R 适合更小一些的 310 毫米的大的前制动片，以降低非悬挂重量并提高车辆操纵性。一个活塞式后制动卡钳与 260 毫米的后制动盘协同工作。

传动装置
GSX1300R 装配优化的 6 挡变速器。油被自动喷洒到第 4、5、6 挡齿轮上，以减少磨损与机械噪声。

底盘
由金属铝制造的底盘专为将力量最大化及将重量最小化而设计。这在摩托车桥接式铝制摆臂上是显而易见的。

统计数据……

铃木隼鸟GSX1300R
长度：2 190 毫米
宽度：724 毫米
高度：1 166 毫米
轮基距：1 481 毫米
质量：260 千克
发动机：四冲程、液冷、双顶置凸轮轴
功率：145 千瓦 @9 500 转/分
转矩：155 牛米 @7 200 转/分
离合器：湿式多片
传动装置：6 速常啮式
变速杆：一下，五上

超级摩托车发动机内部

它们为何有如此劲爆的表现

几乎所有的现代超级摩托都大量应用液冷系统及智能复合材料，以改善运行中的冷却及热传导。此外，许多零部件都是用轻型铝合金制造的，并且外表还覆盖着铬氮涂层以降低摩擦。燃烧效率通过联合使用铱金火花塞与改进的燃料喷射系统而实现。此外，先进的发动机点火系统也得到应用，以提高能量转移到路面的稳定性，如安装在雅马哈 YZF-R1 上的十字曲轴图上所演示的那样。在此，YZF-R1 的曲轴专为不均衡点火而设计，以产生燃烧而非惯性力矩，这改善了高速行驶时车辆的功率、平稳性以及骑手的感觉。

铃木隼鸟 GSX1300R 的最大特色是优化的 6 挡变速器

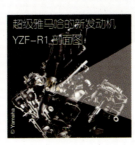

超级雅马哈的新发动机 YZF-R1 的面图

YZF-R1 的曲轴

为了与双重湿式多片离合器联合使用（见"超级摩托车传动装置"弹出提示），以达到闪电般、超级平稳的变速，前后轮胎的尺寸都大幅增加，以便能增大牵引及最大的骑行角度。

超级摩托车都装备着无数的智能电子系统，以帮助骑手控制他们行驶中的极限速度及动力。这些设备不仅包括传统的转速计、车速计，还有各种自动系统，用以控制摩托车在每分钟转速范围内的进气性能及油门打开的时间，以取得车辆平稳的感应力。

川崎忍者ZX-10R

仪器仪表
ZX-10R 以 LED 背光式条形转速表为主要特征，这使人们可以根据使用需要选择不同模式。

牵引力控制
为了将前进运动最大化，摩托车上安装了循迹系统。

发动机
川崎忍者 ZX-10R 的发动机在 13 000 转/分的情况下输出功率为 147.1 千瓦。发动机已经过川崎忍者调整以保证平稳骑行。

底盘/排气装置
安装有新一代耐热钛合金制造的排气集管，以曲线形底盘为亮点，能增加空气动力性能。

悬架系统
ZX-10R 以摩托车摆臂上的水平后连杆后悬挂装置为亮点。这种安排能在发动机冲程的后 1/3 阶段增加轮胎与路面附着的稳定性，并在转弯的时候增加稳定性。

统计数据……

川崎忍者ZX-10R
- 长度：2 075 毫米
- 宽度：714 毫米
- 高度：1 115 毫米
- 轮基距：1 425 毫米
- 质量：201 千克
- 发动机：四冲程、液冷、直列四缸
- 功率：147.1 千瓦 @13 000 转/分
- 转矩：112 牛米 @11 500 转/分
- 离合器：湿式多片
- 传动装置：6 速返回
- 变速杆：一下，五上

超级摩托车传动装置详解

因为它需要两个离合器来传动

现代超级摩托车使用双离合自动变速器以取得最佳性能。这些是通过让两个离合器（而不是通常的一个）共享变速箱来实现的，每一个离合器分别占据一半的齿轮数量。实质上，这意味着当摩托车处于某一挡速度时，下一挡也同时被另一个离合器选中。因此，当骑手加速时第一个离合器就被松开，第二个离合器立即就啮合下一个齿轮，从而提供了一个超快的反应时间。

由于超级摩托车的双离合自动变速器的紧凑、先进的设计，市场上的大多数系统使用的是湿式多片离合器。湿式离合器得将离合器的部件浸入润滑液中以减少摩擦并限制产生过多的热量。这是因为湿式多片离合器使用液压来驱动摩托车的齿轮。当离合器啮合齿轮时，从内活塞产生的液压迫使堆积的钢片与啮合的摩擦盘紧压着一个固定的压力盘。接着，摩擦盘与离合器鼓轮内的齿条啮合，于是力就从鼓轮转移到齿轮组。

川崎忍者 ZX-10R 对其先进的牵引力控制系统引以为豪。

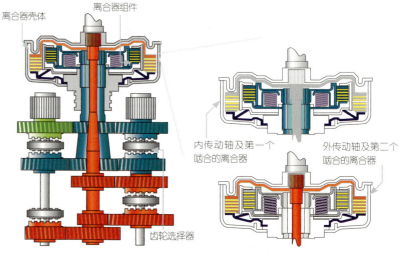

离合器壳体　离合器组件

内传动轴及第一个啮合的离合器

外传动轴及第二个啮合的离合器

齿轮选择器

雅马哈YZF-R1

发动机
YZF-R1 的发动机是四冲程、液冷发动机的变体。在每分钟转速为 12 500 转的时候，它的最大输出功率为 133.9 千瓦。

电子装备
雅马哈的 YCC-1（雅马哈芯片控制的进气系统）调整 YZF-R1 的四个进气道的长度，以便能在整个转速范围内获得精确而平衡的性能。

YZF-R1 的轴距提供极端的控制

统计数据……

雅马哈YZF-R1
- 长度：2 070 毫米
- 宽度：714 毫米
- 高度：1 130 毫米
- 轮基距：1 415 毫米
- 质量：205 千克
- 发动机：四冲程、液冷、双顶置凸轮轴、前倾
- 功率：133.9 千瓦 @12 500 转/分
- 转矩：115.5 牛米 @10 000 转/分
- 离合器：湿式多片螺簧
- 传动装置：6 速常啮式
- 变速杆：一下，五上

悬架系统
YZF-R1 以多调节前后悬架为主要特征，系统可以根据骑行风格及路况加以调节。

十字曲轴
YZF-R1 是第一辆有十字曲轴的量产摩托车。这给骑手以额外的控制与感觉，因为横截面产生燃烧而不是惯性转矩。

轮基距
直接借鉴雅马哈的 GP 赛车，YZF-R1 以较短的轮基距较长的摆臂为傲，这有助于传输最大的牵引力与控制。

虚拟竞赛

假设它们一直都以最快速度行驶，这些双轮车要花多长时间才能从阿拉斯加开到阿根廷？

起点（阿拉斯加）

距离：15 580 千米

- 21天 — **自行车** 最快速度：32 千米/时
- 7天 — **小轮摩托车** 最快速度：80 千米/时
- 3.3天 — **轻型摩托车** 最快速度：193 千米/时
- 2.2天 — **超级摩托车** 最快速度：299 千米/时
- 1天 — **战斧摩托** 最快速度：644 千米/时

终点（阿根廷）

道奇战斧摩托车
当 5 亿美元遇上 500 马力

道奇战斧这款道奇毒蛇超级摩托车花费超过 5 亿美元，以 8.3 升 V10 发动机为荣，是世界上速度最快的超级摩托车。确确实实，它是如此强悍，想想看，2.5 秒内车子就可以从静止加速到 97 千米/时，最快速度超过 644 千米/时，这是法律禁止在公路上驾驶的速度。可是，尽管如此，道奇已经售出 10 多辆战斧给私人收藏者用于赛道或者在私人庄园里驾驶。

战斧是用 356-T6 铝合金铸造的，外加铸铁衬层以及一系列铝合金气缸盖。车辆用两个安装在发动机进气集合管上的铝合金散热器以及强制皮带传动涡轮风扇冷却。制动是由 20 英寸的安装在四周打孔加工过的不锈钢转子与多个四活塞固定铝卡钳一起处理。

显然，布鲁斯·韦恩是个摩托车迷

终极版
娱乐车内部

这一款露营车有你探险时需要的一切东西

大多数父亲都想带着他们的孩子去看世界，但美国发明家布兰·费伦却将这一梦想推向更远。他在露营车里设计了一间办公室、厨房及卧室，甚至还为他4岁大的女儿基拉在车顶设计了一个弹开帐篷，基拉的厢车就是以她的名字命名的。

它可以连续行驶3 220千米而无须再补给，以改装过的梅赛德斯·奔驰乌尼莫克底盘来提供动力，这款底盘以卓越的可靠性及越野性能而闻名。柴油发动机上安装了传感器以监控温度、震动及转矩，因此，驾驶员就能随时了解发动机的表现。一个加热过的燃料箱能确保在低温天气时柴油不会被冻住并且能过滤柴油，因此，只有清洁纯正的燃料才能被输入发动机以确保最佳性能。

由于减震椅子的设计，驾驶员开车时也同样舒适。驾驶员座舱四周都是屏幕用以展示路况、全球定位地图以及具体的天气情况，甚至还有无人机在前方飞行来检查交通。基拉的厢车长15.8米、3米多高，它采用拖拉机挂车设计，就像一辆铰接式卡车一样。只需添加静液压驱动系统，就可以使这辆六轮拖车具有越野性能，能以高达40千米/时的速度行驶。静液压驱动使用承压液体来发动马达，没有必要有专门的驱动轴，这会限制两个单元之间的运动。

隔离的拖车单元有卧室、办公室、厨房、生活区以及环保型浴室。如果安装了滑出式的隔间、可电动升高的屋顶，又可以使内部居住空间扩大1倍。在此，你可以找到诸如媒体库、平板电视这样舒适生活必不可少的东西。而且，车上的供给足够3个人维持三周时间才需要再补充。

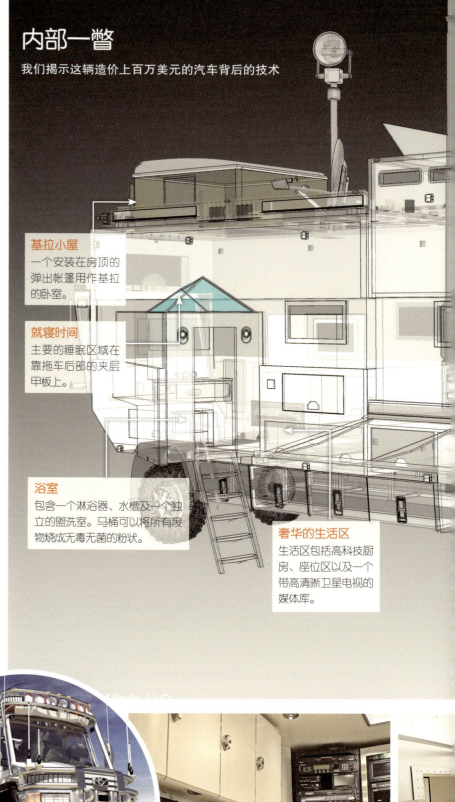

内部一瞥
我们揭示这辆造价上百万美元的汽车背后的技术

基拉小屋
一个安装在房顶的弹出帐篷用作基拉的卧室。

就寝时间
主要的睡眠区域在靠拖车后部的夹层甲板上。

浴室
包含一个淋浴器、水槽及一个独立的盥洗室。马桶可以将所有废物烧成无毒无菌的粉状。

奢华的生活区
生活区包括高科技厨房、座位区以及一个带高清晰卫星电视的媒体库。

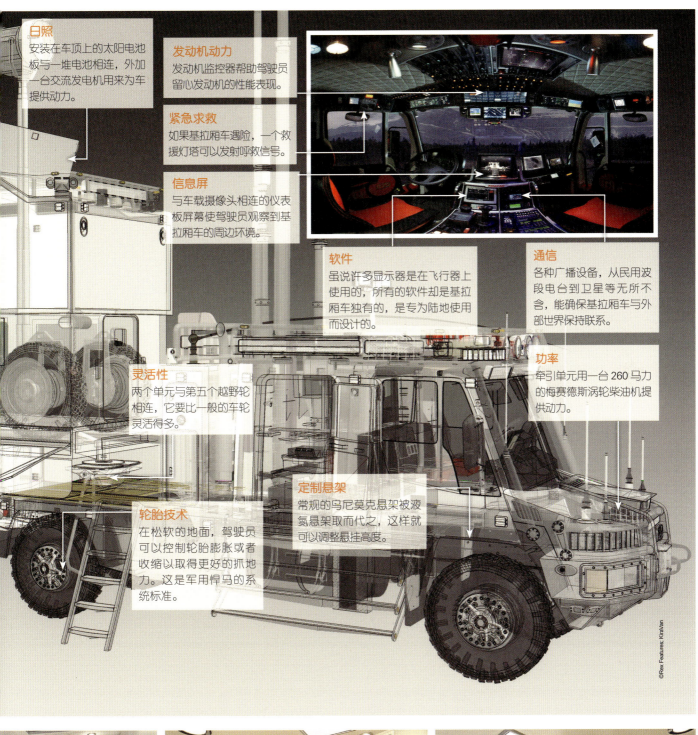

日照
安装在车顶上的太阳电池板与一堆电池相连，外加一台交流发电机用来为车提供动力。

发动机动力
发动机监控器帮助驾驶员留心发动机的性能表现。

紧急求救
如果基拉厢车遇险，一个救援灯塔可以发射呼救信号。

信息屏
与车载摄像头相连的仪表板屏幕使驾驶员观察到基拉厢车的周边环境。

软件
虽说许多显示器是在飞行器上使用的，所有的软件却是基拉厢车独有的，是专为陆地使用而设计的。

通信
各种广播设备，从民用波段电台到卫星等无所不含，能确保基拉厢车与外部世界保持联系。

灵活性
两个单元与第五个越野轮相连，它要比一般的车轮灵活得多。

功率
牵引单元用一台260马力的梅赛德斯涡轮柴油机提供动力。

定制悬架
常规的马尼莫克悬架被液氮悬架取而代之，这样就可以调整悬挂高度。

轮胎技术
在松软的地面，驾驶员可以控制轮胎膨胀或者收缩以取得更好的抓地力。这是军用悍马的系统标准。

世界上最快的 火车

去发现悬浮列车,它们的速度超过483千米/时

对我们许多人来说，每日坐列车上下班是一件缓慢、无聊而又不得不做的事情。但如果你能以难以想象的 430 千米/时这样的速度行驶会怎么样呢？对于每天乘坐世界上最快的列车——上海磁悬浮列车的乘客而言，这已经是现实了。

高速列车从 1964 年就已存在了，那时在日本东京与大阪之间修建了一条铁路线，其速度已经达到 210 千米/时。这大大缩短了日本这两座最大的城市之间的行驶时间，从此，世界对高速铁路的热爱也就诞生了。

今天，许多世界上最快的列车使用磁悬浮技术来达到英国高速公路极限速度的 6 倍。可是，不用磁铁也能达到高速行驶的目的。英国规划建设它的第二条高速铁路线，由伦敦经伯明翰开往曼彻斯特及利兹市，这条线路被称作 HS2。项目的技术总监安德鲁·麦克诺顿解释道，还有其他的方式能实现超高速。"钢轮与钢轨之间的接触点只是你手指甲一般大小，因此我们并不怎么担心摩擦。此外，磁悬浮列车所需的能量是巨大的，"他说道，"HS2 只在几个车站停车，因此根本不需要经常减速和加速。"

拟建的 HS2 只需要使用更强大的发动机及减少停靠站点就可以极大缩短英格兰南北港口之间的通行时间。然而，尽管发动机功率更大，但实际上没有消耗那么多能量。列车将用突然爆发的一股能量来加速，它的最快速度将达到 360 千米/时。这将把从伦敦到曼彻斯特所需的时间缩短一半。

无论它们是在空中悬浮还是装备上霸王级发动机来起动，高速列车正在改变我们的出行方式。

装有喷气发动机的列车

虽说磁驱动列车似乎是列车的未来，然而时间倒回 1966 年，当时火箭风行一时，因此有人想到要在列车上装上两个来看看它们能跑多快。那个人就是纽约中央铁路公司的工程师唐·韦策尔。他正在做一项实验来看他能让列车跑多快，因此，他在一辆为了额外的流线型而改进了前部的巴德柴油铁路客车上用了通用电气的 J47-19 喷气发动机。他将它命名为黑甲壳虫，它一次就跑出了具有纪念意义的 295.6 千米/时这样的速度。这依旧是美国列车最快的速度，但是韦策尔的想法并没有坚持下来。装有火箭发动机的列车并未成为蒸汽或电力列车可行的替代物，因为它很昂贵、难以找到能量来源，对商用而言，它产生的推力太大无法驾驭。

速度机器内部

磁悬浮列车如何做到每小时行驶几百千米？

优势

最显而易见的优点是很快到达目的地。HS2 高速列车将从伦敦到曼彻斯特所需的时间缩短了一半，这对两个城市的发展都将是一个极大的促进。北京到上海的高铁将旅途时间从近 10 小时缩短到 5 小时。另一个巨大的好处是，磁悬浮没有发动机，因此能出故障的几率很小。它们完全是由铁轨与火车中的电磁体与火车内的电池提供动力。

冷却
在一些系统中，为防止过热，可能需要对磁铁进行超低冷却。

感应轨
便宜的系统使用铜线圈以能持续产生磁场的方式来排列，列车的电磁波通过线圈传递电流，从而推动火车向上、向前运动。

反重力场
由于列车不再接触轨道，它不再需要抵消摩擦力，因而可以跑得更快。

列车上的磁铁
磁铁面朝铜线圈被放在列车上。

悬浮磁铁
放在轨道下面的磁铁与列车上的磁铁产生排斥力，因此将列车向上推离轨道。

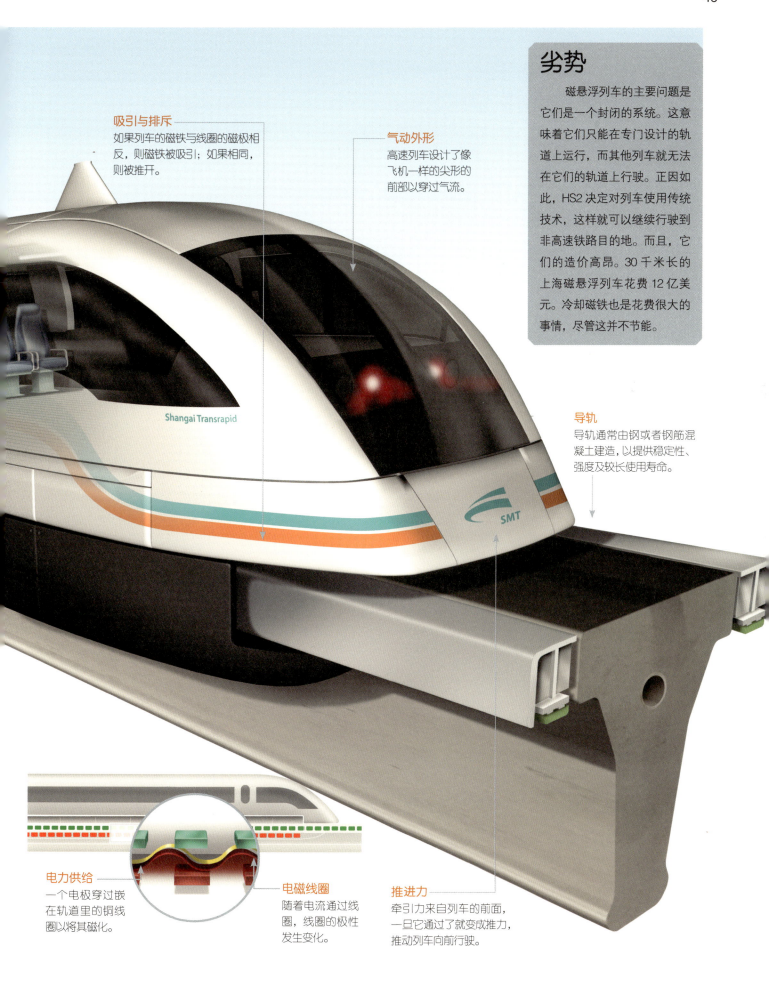

达到这些不可思议的速度背后的秘密就是电磁。传统的列车受限于发动机的功率和车轮的转速，但磁悬浮列车却不用受这两个限制，因为它们压根就没有发动机和车轮！它们被相互排斥的磁铁托起——既有铁轨上的，也有列车下面的——在铁轨上1～10厘米的高度悬浮。列车前方的磁线圈被打开，磁引力拖着列车向前运动。当列车抵达磁线圈处，磁铁就被关闭，下一个被打开。列车的气动设计、加上没有轮胎的摩擦以及强大的电磁力共同造就了430千米的时速。

高速列车不断得到发展与改进。在德国，工程师们已经研发出电磁悬浮（EMS）系统的磁悬浮列车，被称为高速运输系统（Transrapid）。这是通过使用普通的电磁以及一套额外的磁铁来牵引列车。在导轨附近将磁悬浮列车裹住可以防止车厢在转弯时摇晃，同时使列车稳坐在气垫上。据报道，这些电磁悬浮列车可以达到惊人的482千米/时的超高速度。

在日本目前正在研发的一个系统被称作电力悬浮系统。这涉及电磁铁的冷却和节能，使该系统在能源使用上有更高的效率，但很昂贵。该系统的另一个缺点就是它需要使用橡胶轮胎，直到速度达到100千米/时，这会造成不必要的摩擦。

来自高铁世界的最新发展是磁感导轨（Inductrack）技术。它使用普通的磁铁，无须超低冷却或者以电力驱动，但确实需要列车有自己的能源，在磁铁能拉着列车向前跑动之前，列车需要用自带能源加速。这些磁铁是用具有革命性意义的钕、铁、硼合金制作而成，这种合金极大增强了磁场的功率。

谁创造了磁悬浮列车？

磁悬浮的想法在1914年首次被一个名叫埃米尔·巴舍莱的法国人提出，他想出了一个绝妙的办法来拖动列车前进，那就是通过将一些放在铁轨上的磁铁打开、关闭来拖着列车前行。但在当时，由于电力供应极不均衡稳定，这个想法无人赏识，但它为我们今日所见到的这个难以置信的超快速度技术奠定了基础。电力技术的改进以及列车的流线外形使列车越跑越快，直到我们今天看到的上海磁悬浮列车及日本新干线列车达到的惊人速度。

上海磁悬浮列车

上海磁悬浮列车是目前世界上最快的通勤列车，它达到的一个最快速度是惊人的430千米/时，这还只是它的运行速度。它的测试速度达到500千米/时。它沿着磁悬浮线路将乘客从浦东机场运送到龙阳路火车站。铁轨长30.5千米，行程时间仅7分2秒，列车平均运行速度为251千米/时。2002年12月31日开始通车。在这个以创新与改进为常态的产业里，这是一项有纪念意义的成就。

火车站

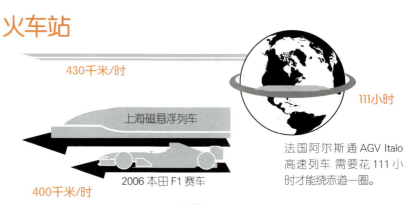

430千米/时 上海磁悬浮列车

400千米/时 2006本田F1赛车

111小时
法国阿尔斯通AGV Italo高速列车 需要花111小时才能绕赤道一圈。

70亿
自1964年以来，日本新干线已经运送的乘客人数达70亿，这是整个地球的人口数量。

电池

最大限度地利用再生制动器的大量潜能的关键就是如何储存它。这就是为何一些像宾夕法尼亚州东南部的费城交通管理局之类的地方安装了储存兆瓦电量的巨大电池的原因。这足够烧开7 500升的水。从再生制动器中或者其他能量收集技术中产生的能量在此被输送。于是，他们就可以运用此能量来使列车运行，如果有多余的能量还可以出售。因此，他们既保护了环境还可以赚钱。

再生制动器

传统制动是通过钳住车轮以及利用摩擦减速来实现的。可是，这会将能量转化为热量因而导致浪费。再生制动器将电动机倒转使它停止产生电能，这样列车就不再前进，而是将列车的动能转化成储能以备列车起动时再利用。或者，它还可以将能量沿着轨道传递给其他列车使用。这项奇妙的创新不仅帮助了列车停车，还创造了新的能量，而在以前这都被浪费掉了，这使得整个运行过程更加高效。

传感器

铁轨上承受了大量的重力与压力，虽说它并不消耗能量，但还是大有可为，能收获很多。为了从列车的重力中获取能量，铁轨下放置了压电晶体，它们具有的奇妙特性可以使它们在受到压力作用时释放电荷。当列车在这些晶体上呼啸而过时，它们被压扁，释放出电荷，然后将其转化为电能，这种电能可用于不同的领域。每一个传感器都可以反复使用，提供免费的可再生能源。

节能技术

列车行驶最恼人的一个地方就是在列车进站制动的时候损失的能量。可是，制动技术的发展已经找到良方，不仅能减少制动时的能量损失，还能将能量转化为电能。这可以对列车制造产生革命性影响，因为列车将不再需要功率如此强大的发动机拖着自己由静止起动。事实上，再生制动器不过是节约与创造能量的众多方法中的一种。

涡轮机

意大利、韩国以及中国的工程师们计划将风力涡轮机安装放在隧道里以及列车下面的铁轨上，用来获取能量。随着列车飞速驶过，风会刮进涡轮机内，涡轮机利用风力来发电。这是成功地利用列车产生的能量来创造能量，以供轨道或社区使用。

八条不可思议的铁路与火车

自从 400 多年前的 1603 年在英格兰诞生第一条可运营的铁路以来,发动机已从原始的、以燃煤提供动力的机械装置发展为具有超高效率的电动机,这意味着它们能跑更长的距离,而且速度更快,耗费的资源更少。然而,这也意味着人类必须不断创新克服各种挑战,才能在一些复杂的地形上面或者下面行驶,有时甚至是直接穿过它们。通过一些难以置信而富有想象力的工程,现在的火车能翻越高山、穿山而过,甚至还能在海底飞驰。有一些线路代表了奢华生活的梦想,还有一些则是令人胆寒的体验,你可能不会想要再来一次。但哪一个是最极端的呢?

世界最危险的铁路

历史上最危险的铁路之一是印度的金奈—拉梅斯瓦拉姆铁路线,它将印度次大陆与拉梅斯瓦拉姆诸岛相连接。在 1964 年,该列车——至今,仍然要与侧风搏斗——被一股巨浪击中因而导致脱轨,车上所有 115 名乘客无一生还,部分铁轨被毁。尽管已经得到重建,也变得更安全了,但它还是仅仅以 8 千米/时的速度在桥上缓慢行驶。

> **数据**
> 金奈—拉梅斯瓦拉姆线路的列车的行驶速度大约与企鹅的游泳速度相同。

世界最繁忙的火车站

东京的新宿火车站是世界上最繁忙的火车站,每天发送 364 万人次。为了方便每日大量的人出入,车站设有 200 个出口。平均每 3 秒钟就有一列火车抵达站台。最受欢迎的线路是日本国有铁道(JR 线),它几乎包揽了车站的一半乘客。

> **数据**
> 新宿车站每天的使用人数要比在拉脱维亚生活的人还多。

世界最长的铁路

如果你想穿越世界上面积最大的国家,你需要世界上最长的铁路。1891年,俄国人修建了西伯利亚大铁路。它横跨9 200千米长的距离,运输石油、煤炭、粮食等重要商品。它于1916年完工,将不适宜居住的西伯利亚与欧洲其他地方及亚洲连接起来。每天有4千米的轨道被铺筑,在土质松软的地带上使用石块以保证表面平稳,铁轨自身则用轻型金属以及木材建造。

数据
西伯利亚大铁路的造价大约是金门大桥的7倍。

世界最高的铁路

如果你特别追求高度,世界最高的铁路绝对值得一去,它将你从中国内地送到西藏。这条铁路被称作青藏铁路,能让乘客穿越青藏高原,尽享途中的美景。它达到令人眩晕的5 072米的高度,平均海拔有4千米。世界最高的火车站也坐落于此,唐古拉火车站海拔5 068米。

数据
青藏铁路的最高点比勃朗峰还要高262米。

世界最低的铁路

日本青函海底隧道将本州与北海道连接起来,位于海底140米以下的位置,比其他任何铁路都低。建于1971至1988年之间,从2016年起供超高速的新干线使用。隧道自身近54千米长,其中小半部分位于海底。每天有50趟列车要穿过隧道,运送人员和货物。

数据
该隧道耗费85 000吨水泥,足够建造一堵10米宽的、比世界第一高楼迪拜塔还要高的墙。

世界最长的火车站站台

2013年10月,世界最长的火车站站台竣工。它的长度惊人,达到1 366米,横跨了印度戈勒克布尔火车站的整个长度。在修建车站的时候,他们就确保要建造世界最长的站台,要让先前的纪录黯然失色——这恰好也是印度的一个火车站创造的——它比前面的纪录长了294米。

数据
尤塞恩·博尔特至少要花2分11秒钟跑完戈勒克布尔火车站站台全程。

世界最著名的火车

如果有人让你给一列火车命名,你可能会说起托马斯坦克发动机,或者东方快车,鉴于其中一个是虚构的,我们就主要看看那列在巴黎和伊斯坦布尔之间往返行驶了94年的列车,它直到1977年才被终止运行。它有四节卧铺车厢,每一节有十个隔间供人们休憩,这并非什么技术上的奇迹,但它的浪漫传奇使它摇摇晃晃行驶过一个世纪里最美好的时光。

数据
东方快车要花60小时行驶于巴黎与伊斯坦布尔之间。

世界最古老的运营火车

1855年由总部在英国的基特森、汤普森与休伊森公司为东印度铁路公司制造的EIR-21与EIR-22的蒸汽机车仍旧在运行,运送乘客往返于印度的阿尔瓦尔与新德里两个城市之间。这两列火车每列自重26吨,每列的输出功率为97千瓦,速度可以达到40千米/时,对于这一对几乎160岁的蒸汽老爷车来说,这可是个不错的成绩。

数据
自EIR-21与EIR-22面世以来的159年,英国已经有六位君主。

第二章 空中：空中巨无霸内部一瞥

超声速喷气机

未来技术驱动的飞机

■垂直起飞 ■无窗设计 ■自我修复技术

　　1914年1月1日,第一架商用飞机升上天空,世界从此为之改变。它在美国佛罗里达州的匹兹堡与坦帕市之间飞行,总计持续飞行23分钟,飞行距离33.8千米。

　　这一标志性事件在著名的莱特兄弟的首次带动力飞行之后的11年发生,标志着第一次有人掏钱做一名飞机上的乘客。这是一架船形贝诺亚14型(Benoist XIV)飞机,机上的空间仅能容纳飞行员及一个拍卖会竞拍成功的投标人,他被迫付出颇为可观的400美元来体验这次飞行。按今天的币值估算,那相当于9 500多美元。

　　今天,人们可能愿意付出百倍于那样的价格来购买首张亚轨道飞行的机票。这些太空飞机将把乘客带上轨道飞行,将从伦敦到美国西海岸的时间缩减到60分钟。可是,不只是乘客得到刺激,而且在飞行途中,出现问题时这种飞机能够感知,甚至自我修复。建造智能飞机的计划正在紧锣密鼓地进行中。

　　过去的100年见证了商用飞机技术的惊人改进,诸如巨大的双层甲板喷气机,一次飞行就可搭载多达853名乘客,还有用不了两天时间就可环球飞行的飞机,当然,还有传奇性的协和式飞机已经带着250万人突破了声障。

　　在接下来的几页,我们展望下一个世纪的耀眼的创新,以了解未来的飞行器可能是什么样子。始于第一架呆板的双翼飞机,商业航班已飞行了百万英里。好吧,系好安全带,将搁板竖起,在飞行期间请勿随意走动。

"天空之鲸"

设计：奥斯卡·维纳尔

这种三层概念飞机是未来的出行方式吗？

空客 A380 目前仍保持着最大客机这一头衔，但这可能会发生变化。相比空客 A380 的 79.8 米翼展，这款被称为"天空之鲸"的概念机的翼展将达 88 米。它将容纳 755 名乘客，对航空公司而言，这在经济上是可行的。由于双层机身以及机翼上的太阳能电池可以利用太阳的能量，"天空之鲸"无须再加油也能飞得更远。奥斯卡·维纳尔设计的这款飞机有许多创新，诸如为近似垂直起飞而设计的可倾斜的发动机。

为了能垂直起飞，发动机旋转角度可达 45 度。

空客 A380：79.8 米
"天空之鲸"：88 米

在迫降的时候，机翼可以脱离机身

太阳能电池可从阳光中获取能量

一等舱将享有无与伦比的天空美景

虚拟现实窗户

坐落于三层上的755个座位

激光制导系统

近垂直起飞性能

"天空之鲸"是对商业飞机大胆而激进的重新构想。

"幸存者"

设计：英国航空航天系统公司（BAE Systems）

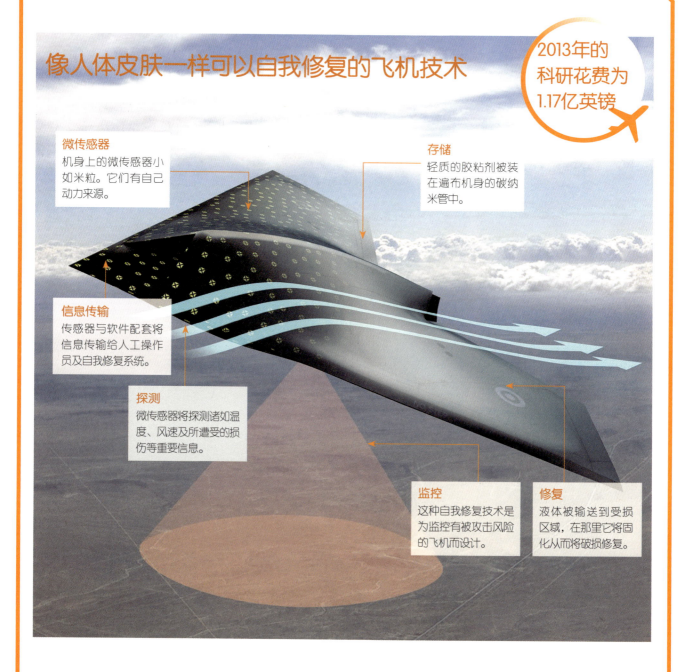

像人体皮肤一样可以自我修复的飞机技术

2013年的科研花费为1.17亿英镑

微传感器
机身上的微传感器小如米粒。它们有自己动力来源。

存储
轻质的胶粘剂被装在遍布机身的碳纳米管中。

信息传输
传感器与软件配套将信息传输给人工操作员及自我修复系统。

探测
微传感器将探测诸如温度、风速及所遭受的损伤等重要信息。

监控
这种自我修复技术是为监控有被攻击风险的飞机而设计。

修复
液体被输送到受损区域，在那里它将固化从而将破损修复。

　　像《终结者》之类的电影可能已经警告过我们不要创造那种能自愈的技术，但英国航空航天系统公司的人们却决定不顾后果继续推进。该英国公司已经公布了未来的设计，要在到2040年之前让飞机的修理方法及速度发生革命性的变化。

　　机身可能会被覆盖上成千上万个微传感器，以用于检测风速、温度以及所受损伤。由于装有轻质胶粘剂的碳纳米管网格，飞机能在半空中自我修复。纳米管将很快释放出黏液至受损区域并快速固化——就像血液在伤口处结痂一样，这样飞机就可以继续飞行。

　　据英国航空航天系统公司的发言人说，这种先进材料的使用能造出特别强韧的喷气机，使之能进入最危险的情境去完成重要使命。他们将其称作"幸存者"。该公司认为这不会是唯一被未来军用飞机所吸收的技术。另一种被称作"变革者"的喷气机将在飞行中结合更小的次级飞行器，之后再与之分离。当它们一起飞行时可以减少阻力因而节约燃料，增大了飞行距离。

　　尽管这使我们离天网卫星更近了，这项技术还是对航空工业极具刺激性，因为智能飞机会让飞机的维修费用及飞行时间直线下降，让我们有更多时间思考如何不让它们再飙升，因为这是我们都不愿看到的！

"智慧飞行"

设计：空中客车

这个星球上能效最高的飞机

空中客车一贯走在航空技术的最前沿，它的未来智慧飞行概念飞机旨在做到更高效、更环保。在此，介绍几个它有望在2050年前实现的令乘客的空中之旅更舒适且对环境更有益的方式。

可以节约900万吨燃料

了解更多

如果你想要好好看看这个未来主义的机舱，可以从 iTune 免费下载 The Future By Airbus app。这会给你一个虚拟的飞行体验，大约35年后你可能会赶上。

生态爬升

内置于跑道的电磁式电机可以节约燃料并降低噪声污染。在起飞时它们可将飞机发射升空，着陆时捕捉住它让它安全减速。由于不再需要沉重的起落架，这可以节约燃料，但要求每一家机场都有同样的系统。

概念机舱

空中客车公司正致力于改变拥挤的座椅、狭窄的过道及不同等级乘客的纷争。与现在相反，飞机将被划分为不同区域，例如，休闲区、互动区、智能技术区。后者拥有用具有记忆功能的材料制造的座椅，座椅可根据每位乘客的身形变形。

一起飞行更好

小鸟以V队形飞行降低了65%的阻力，空中客车公司提议，在一些受欢迎的线路飞行的飞机可以聚在一起编队飞行，这样可以降低12%的燃油消耗。从伦敦到纽约的旅程就可以节约燃油10 000多升。

"伊克西翁"

设计：泰克尼康

全景视图让外界尽收眼底

近年来，除了使用新材料及流线型以外，实际上飞机设计没有什么大的变化。然而，泰克尼康作为一家国际公司，正力图以其名为"伊克西翁"的无窗概念喷气机改变这一切。

加雷斯·戴维斯，泰克尼康的设计总监，解释了他对未来飞机的展望："窗户要安在飞机上实在太复杂了。每一扇窗户将为飞机的总重量增加15千克，而且它们不是流线型。我们计划去掉窗户，在机翼与机身上安装4KHD超高清摄像头，它们可以将外界的一切图像在飞机内的可弯曲的OLED屏幕上显示。"

这将给飞机内部的人以不间断的外界全景展示，同时还减轻了飞机的重量并简化了建造过程。在将来，这会发展成这样一个情形：乘客在一成不变的海洋上空飞行时，在屏幕上看到的却是纽约的轮廓线、一片沙漠，或者是哥斯拉怪兽大闹日本闹市区。

飞机上的视差屏幕只有特定座位上的人才可以看到。如果你不想跟大家看一样的景色，飞机创建了真正灵活的座位安排，乘客会被追踪，这样你的屏幕就会跟随着到你所在的任何座位。

太阳能电池板也将被用来给飞机内的电子装备提供动力。在发动机空转状态下，这将为飞机上的低压系统提供可替代能源，从而可节约所耗总燃料的6%。这些设计挑战了各个层次的传统思维，"我们要想象一个可能的、向前迈进的下一步，"加雷斯·戴维斯继续说道，"任何创新的第一阶段都是想象。"

手势驱动
这些屏幕将由手势控制，而不是用一个实体装置控制或者遥控。

视差屏幕
屏幕被安在机舱四周，因此只有特定的人们才能看到每一个屏幕。

可移动技术
每一位乘客都被追踪，因此他们就可以观看自己的屏幕。

360度全景

无窗设计

无窗设计背后的理念有两大优势。首先，它使飞机建造起来更容易而且线条更流畅。其次，也是更令人兴奋的一点，它可以让你做一些既疯狂又酷的事情，就如右图所示一样。

装在机翼与机身上的4KHD超高清摄像头将与墙上的OLED面板相连接以实时展示外界景象。这就像摄像头用一条HDMI线缆就可以在电视上展示图像一样。视频被拍摄后用线缆传输到屏幕上，经过放大以高清现场直播形式再现。

屏幕也可由乘客来操作。在此，手势控制系统可以让你给一群人做报告、开电视会议或者在飞机墙壁上看电影。欢迎参观未来的飞机！

可以支持智能手机
来自智能手机上的图像也可在屏幕上显示。

让外景尽收眼底
来自外面摄像头的图像将在飞机内安装的OLED屏幕上显示。

太阳能电池板
飞机内部的电子装置将由机身上的太阳能电池提供动力。

OLED屏幕
纤薄且可弯曲的塑料屏幕取代了传统的舷窗，给乘客以全景式景色体验。

无窗的机身
无窗的设计使"伊克西翁"更易于建造，而且更轻便、线条更流畅。

摄像头
4KHD超高清摄像头将实时拍摄外界的视频。

乘客可以欣赏飞机外面全景式的景色，你敢往下看吗？

太阳能飞机
飞机如何利用太阳的能量

"三明治"硅板
太阳能电池板由两层隔开的硅板中间夹着大量光电池构成。

上层
上层硅板表面涂了一层磷，这增加了这一面的自由电子数量。

底层
底层涂一层硼，它将减少自由电子的数量。

阳光的力量
阳光中的光子遇上磷涂层后会将电子从顶层撞离。

光子　电子流

能量生产
这将电子挤压到金属传导盘上，将其转化成可用的能量。

电场
由于一层有正极，另外一层有负极，因此它们之间产生了一个电场。

空穴流

航天飞机

这些无与伦比的飞行器正在勇敢飞向其他通勤飞机前所未至的地方

以超声速飞行的协和飞机用不到三个小时的时间就可顺利地从伦敦飞到纽约。然而，与旨在用其一半的时间完成从欧洲到澳大利亚航程的航天飞机相比，这简直就是怠工。

这种航天飞机就是由德国宇航中心研发的太空航班。这种飞机长达83.5米，可以搭载多达100名乘客升到80千米的高空，在亚轨道以20多倍声速的速度滑翔。之后，飞机将由液氧/液氢火箭发射到更高的大气层，然后以几乎4千米/秒的速度与火箭分离。这种航天飞机，从起飞到降落，仅仅用90分钟的时间就可以完成从欧洲到澳大利亚的航程。

即将面世的还有维珍银河及云霄塔航天飞机，它们正在探索直接从地球上升空而不是绕着地球升空的方式。维珍公司的太空船二号将从一架喷气机上发射，在返回地球之前，它将带着乘客进入太空待一小会儿时间。云霄塔是一架无人驾驶的、可重复使用的航天飞机，专门设计它来运送15吨货物到外层空间，然后再返回地面。这种飞机将使私人公司能方便、经济地将货物运送到卫星及空间站。

云霄塔航天飞机

设计：英国反应发动机有限公司

佩刀火箭引擎的内部

是什么给这款新型的、可重复使用的火箭航天飞机提供动力？

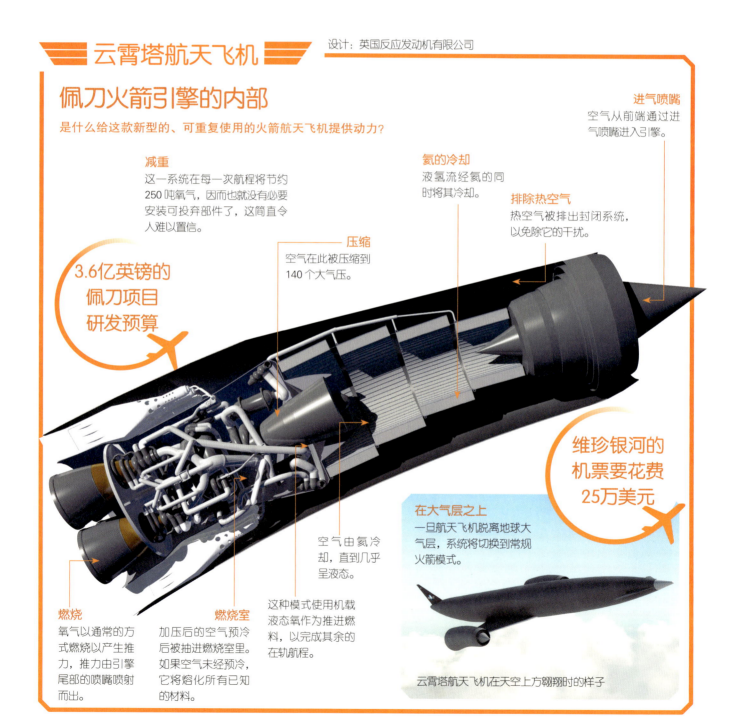

减重
这一系统在每一次航程将节约250吨氧气，因而也就没有必要安装可投弃部件了，这简直令人难以置信。

3.6亿英镑的佩刀项目研发预算

压缩
空气在此被压缩到140个大气压。

氦的冷却
液氢流经氦的同时将其冷却。

排除热空气
热空气被排出封闭系统，以免除它的干扰。

进气喷嘴
空气从前端通过进气喷嘴进入引擎。

燃烧
氧气以通常的方式燃烧以产生推力，推力由引擎尾部的喷嘴喷射而出。

燃烧室
加压后的空气预冷后被抽进燃烧室里。如果空气未经预冷，它将熔化所有已知的材料。

空气由氦冷却，直到几乎呈液态。

这种模式使用机载液态氧作为推进燃料，以完成其余的在轨航程。

维珍银河的机票要花费25万美元

在大气层之上
一旦航天飞机脱离地球大气层，系统将切换到常规火箭模式。

云霄塔航天飞机在天空上方翱翔时的样子

航天班机

设计：德国宇航中心

航天班机外形的概念图

90分钟内从伦敦飞到达悉尼

我们在此跟供职于德国宇航中心的奥尔加·特里维罗进行交谈，她就未来的航天飞机可能会面临的问题做出以下答复。

拟建的航天班机到底将如何运行？
它将使用标准的火箭技术，诸如液态氢氧混合燃料火箭，将飞机加速至25马赫，当飞机上升到70~80千米的高度时，助推器将与飞行器分离，返回发射场。飞行器将一路滑翔至目的地。

缺少重力与风的阻力对它的速度有影响吗？
没有。飞机可以大幅缩短航行时间纯粹是因为它从火箭助推器出来时的速度很快。飞机必须得向上爬升到那个高度才能飞那么快，才能最大限度地利用火箭的速度。

航天班机与其他的飞行方式有何区别？
航天班机项目的主要特点是可重复使用这个性能。事实上，我们可以重复使用火箭的两个部分，这使它商业化的可行性比较大了。

那么，你们关注的是什么样的市场？
起初，我们针对的是商人阶层的乘客，他们需要长途旅行但又不想花太长时间在旅途上。从欧洲到澳大利亚的旅程，如果算上换乘时间的话，（目前）要花24个多小时。等你到那儿了，你已经累得不成人样了。我觉得这对人类真的大有好处。而且，这对运输一些对运输时间有特殊要求的东西，比如人体器官。

每个人都能乘坐航天飞机吗？还是只有那些身体极棒的人才能乘坐？
只要身体不是特别差，任何人都可以乘坐。在航天飞机起飞的时候，你最多承受2.5g的重力加速度。我们来比较一下，一架普通飞机会产生1.25g的重力加速度，一些过山车则有5g的重力加速度。

我们何时能看到它投入运营？
如果我们现实一点，大约在30~35年以后。我们需要这么长时间，虽然我们有火箭技术，但我们必须使飞机更安全才能让公众使用。这意味着我们要找到能抵抗人气热量的材料，以及能制造出在意外事故发生时可变成应急逃生舱的乘客舱。虽说这样的事故不太可能发生，但还是要做到万无一失。

维珍银河

设计：斯凯尔德复合技术公司

在2004年，理查德·布兰森向世界宣布，他要将维珍银河打造成第一架商用航天飞机，用于将乘客送往太空。尽管他原本打算让维珍银河在2007年进行首航，然而，目前为止，维珍银河还是未能将第一批太空游客送到太阳系。

飞船将由白骑士二号辅助飞行器发射到15 240米的高空。之后，两个飞行器将分离，载客飞船将会点燃自己的火箭引擎，以便能带乘客脱离地球大气层进入太空。

4~5分钟之后，飞船将重新进入地球大气层，之后在新墨西哥基地的跑道上着陆。

美国联邦航空局（FAA）在2014年五月清除了一个主要障碍，因而使该项目受挫的技术故障及支持故障得以排除。但愿前往大气外层的旅程能即将开启。

维珍银河团队站在太空飞船二号前

太空飞船二号已经试飞过几次了

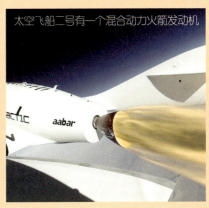

太空飞船二号有一个混合动力火箭发动机

波音787 梦幻客机

这款喷气客机已经彻底改变了商用客机产业,它号称极大地提高了燃油经济性并改进了新一代客机的许多性能。让我们仔细看看……

一眼看去,波音787梦幻客机并没有什么特别之处,只是一架中型喷气客机而已。设计上中规中矩,采用标准的功率输出,飞行距离适中,充其量也就跟一般客机别无二致,不过是又一款商业喷气客机,投入这个屡遭世界经济衰退重创的市场碰碰运气。这是一项花费数百万英镑的技术,但它什么也改变不了。但如果你真的这样认为的话,你就大错特错了……

这是因为,正如跟在大多数开创性新技术与新理念中所见到的情况一样,关键之处在于细节。今天,波音787确实很可能是我们的未来。之所以这么说,从字面意义上讲是因为,据预测,它的使用期限将一直延伸到2028年;从比喻意义上讲,是因为它是第一架纯粹为追求效率而设计出来的飞行器。这绝非是要贬低它在其他方面的诸多改进及技术进步——这是目前运营的最为复杂的喷气式客机——在目前的金融气候下,这种更绿色、更经济、适应性更强的飞机正在制定供别人遵循的路标,而且它很可能会在今后数年内影响着这个行业。何以见得?看看世界范围内58家运营商的982架飞机订单,总计超过1 690亿美元,就可想而知了。

那么,波音787是如何将更便宜、更高效的乘飞机旅行的梦想变成现实的?简单地回答,就是依靠在燃料使用以及废气排放上直接节约的20%的费用。要详细回答就有点复杂了。

梦幻客机之所以具有超高性能,关键在于它采用了一套新技术与新材料。波音787基本结构的50%采用了复合材料(例如,碳纤维/碳纤维增强塑料),这包括机身与两个机翼。这些材料要比纯金属产品更轻便、更坚固,而且用途更广。说真的,当这款机型与它的前身-777相比较时——-777是基本结构只有12%用了复合材料,超过50%用的是铝——你就会领会,对

50多家公司都参与了787的生产,每一个公司在世界各地135个地点虚拟连接着

统计数据······

波音787梦幻客机
机组人员: 2 人
长度: 57 米
翼展: 60 米
高度: 17 米
最大起飞重量: 228 000 千克
巡航速度: 1 041 千米/时
动力装置: 2× 通用电气的 GEnx 引擎/罗尔斯·罗伊斯的 Trent 1000 引擎

根据座容量、座舱等级,787 的客舱布置可分为三种配置。

通用电气的 GEnx 高涵道比涡扇喷气引擎,梦幻客机上用的两个引擎之一。

于喷气客机产业而言,这款飞机无愧是游戏规则的改变者。

新材料的使用结合了一个重新设计的飞机建构过程。这使得每一架梦幻客机使用更少的铝板、更少的扣件(比 777 减少了 80%)、更简单的钻孔图表,这使得 787 机身上只有不到 1 万个钻孔(而 747 则需要一百多万个钻孔)。这样就节约了生产成本、装配时间,并且使飞机的结构合理流畅,从而减少了可能的故障点,同时增加了空气动力效率。此外,新机型去除了 90 多千米长的铜线,既减轻了飞机的重量,又使电气基础设施合理化。

提到电子设备,梦幻客机的设计具有最先进的、全电子化结构,它使用电动压缩机与电泵来替换掉所有的排出空气与液压动力源,每一次替换都要减少 35% 的引擎功率。此外,电热翼冰保护系统,通过将适度加热层置于缝翼条,极大提高了防冻水平以及相容性,因而改善了空气动力性能。机翼升力性能也因采用斜削式翼梢而得到改进,从而降低了引擎所需要的推力。

这些效率再结合梦幻客机的心脏:两个新一代高涵道比涡扇引擎,令 787 更加所向披靡。787 上用的两个引擎型号——通用电气 GEnx 发动机及罗尔斯·罗伊斯的 Trent 1000——每一个输出的最大推力达 280 千牛,使它的巡航速度达每小时 1 041 千米。两种引擎都设计有轻型复合材料制作的叶片、向后倾斜的风扇,以及小直径的旋翼叶毂,以将气流与高压比最大化——后者如果再以反转线轴作为补充,将极大提高效率。最后,这两个引擎都可以跟梦幻客机的降低噪声的引擎机舱、导管盖及进气口兼容。这两个引擎确实太先进了,相比其他商业喷气客机,人们认为它们整整提升了两代。

就其本身而言,尽管梦幻客机最初看起来其貌不扬,但它其实就是披着羊皮的狼,它实现了一些重大改进以及一长串的渐进改进——包括节能的、只适用 LED 的照明等——这使得它成为我们当今天空中最先进的、最不会过时的喷气机。你知道最刺激的事情是什么吗?从波音公司可观的积压的销售订单来看,在不久的将来,你很有可能就坐在这个庞然大物上飞行。

梦幻客机部件剖析

分解一架波音 787 来看看它如何超速度、超规格超越竞争对手

驾驶员座舱

梦幻客机先进的驾驶员座舱装配着霍尼韦尔及罗克韦尔·柯林斯公司的航空电子设备，这包括双平视制导系统。电力转换系统及备用飞行显示器由泰利斯公司供应，一个航空电子全双工交换式以太网（AFDX）连接着驾驶舱及飞行系统并传输数据。

货舱

标准型 787——被称作 787-8——的货舱容积为 125 立方米，最大起飞重量为：227 930 千克。大一些的变体——被称作 787-9——的货舱容积为 153.9 立方米。最大起飞重量为：247 208 千克。

电子设备

787 以大量遍布驾驶舱的 LCD 多功能显示器为主要特点。此外，乘客可以享用基于安卓 OS 的娱乐系统，在飞行中，松下制造的触摸屏显示器可以为他们播放音乐、电影、电视。

第一架梦幻客机于 2011 年交付全日空航空公司。

飞行系统

787 将所有的排出空气及液压电源以电动压缩机和电泵代之。它还安装着新的翼冰保护系统，该系统在缝翼条上使用电加热垫以防结冰。一个自动阵风缓和系统可以减轻湍流的效果。

机翼

787 梦幻客机的机翼由日本三菱重工制造，以斜削式翼梢为特征。倾斜的翼梢的主要目的是改善爬升性能，进而提高燃油经济性。

发动机

2 台通用电气的 GEnx 发动机／罗尔斯·罗伊斯 Trent 1000 涡轮风扇发动机的双发动机模式与梦幻客机正好相匹配。二者都可产生 280 千牛的推力，赋予 787 以 1 041 千米／时的巡航速度。它们还可以跟梦幻客机的降低噪声的发动机机舱、导管盖及进气口兼容。

喷气客机的发展

我们选择了一些商业喷气客机发展过程中的巅峰之作

1945年维克斯VC.1"维京"
英国制造的短程客机，由威灵顿轰炸机发展而来。"维京"是第一架纯喷气式运输机。

1952年 DH-106
"彗星"是世界上第一种投入生产的商用喷气客机，由英格兰哈维兰公司研发。

1955年 SE-210 "快帆"
"快帆"是世界最成功的一代喷气客机，在欧洲及美洲大量销售，由法国南方飞机公司制造。

1958年波音707-120
现在遍布全球的 707 系列的第一代量产型号，707-120 为客机制定了新的基准。

1961 年 康维尔990客机
作为狭长机身的喷气客机典范，990 具有更快的飞行速度以及更大的座容量。

每一架787上都配备着装满美酒的立式酒柜

增值培训

波音付出了加倍的努力，为787梦幻客机创造了完整的软件包，可为飞行员提供最先进的模拟设施，以使他们快速进入状态

787的预备飞行员可以利用波音的具有革命性意义的全飞行模拟器来为现实飞行以及特定环境敏感情境下的飞行进行训练。目前，在全世界五个波音训练中心里有八个787培训程序包，这些中心分别位于西雅图、东京、新加坡、上海、伦敦的盖特威克。由法国电子系统公司泰利斯生产的模拟器包括双平视显示器（HUDs）、电子飞行包（EFBs），它们是为培训飞行员精通视觉操控、仪表着陆系统（ILS）以及非仪表着陆方式而设计的。此外，使用集成专业导航的进场失败、强调影响操纵性能的非标准程序、再加上风切变、中断起飞等方面的训练也可以进行。所有的训练模拟器都被美国联邦航空管理局（FAA）批准，这使它们正式成为到目前为止最先进的培训程序包。

便利设施
登机后，乘客可享有宽敞的座椅（遍布所有等级的客舱）、更大的储藏箱、可手动调节亮度的窗户、一个立式酒柜、针对不同性别的盥洗室、点播式娱乐系统。一等舱乘客可以吃一顿赠送的航空餐；在飞国际航班时，还可享用完全可调节座椅以方便休憩。

客舱
标准型787是三舱布局，可搭载242名乘客，其中经济舱有142个座椅，商务舱有44个，一等舱有16个。舱内宽5.5米，每一侧都排列着一些27厘米×47厘米大小的可自动调光的窗户。

兼容性
787梦幻客机在设计上可以与现存的机场布局及滑行设置兼容。就其本身的特性而言，787具有65度的有效转向角，使其可以在42米宽的跑道上充分转动。除去10米轮基距外，跑道上剩余的32米使它还有足够的转弯半径。

机身
按体积计算，787客机的80%由复合材料（碳纤维/碳纤维增强塑料）建造。按重量计算，50%的材料是复合材料，20%是铝材，15%是钛金属，10%是钢，5%是其他材料。

飞行员及预备飞行员可以在世界范围内的八个模拟器上训练。

1976年 法国宇航公司/英国飞机公司的协和式飞机
二代喷气客机中的杰出发展成果，协和式飞机可实现超声速跨大西洋飞行——即便在今天，这也是无与伦比的成就。

1986年 福克100
福克100是短程专家，可搭载100名乘客。国内航班及短程国际航班是它的业务范围。

1994年 波音777
777是第一架计算机设计的喷气客机，它实现了300个座容量及17370千米的飞行距离，成为世界各个航空公司的主要支柱。

2005年 空客A380
自2005年起，空客A380成为世界上最大的客机，它拥有双层甲板，如果全按照经济舱座椅设置，可以搭载853名乘客。

2011年 波音787梦幻客机
是它的家族当中燃油效率最高的喷气客机，787旨在降低飞行成本，同时实现一系列的新技术。

空中客车 A380

它是世界上最大也是最昂贵的客机,每一架售价约3亿美元。然而空客A380也应是此类飞机中最节油、减噪及环保的客机

罗尔斯·罗伊斯公司生产的发动机将使 A380 翱翔空中

在法国、德国、西班牙及英国制造,法国图卢兹组装的 A380 是真正的泛欧项目,不仅在尝试让长途飞行发生革命性变化这一方面,而且在飞机设计以及建造方面都是如此。从在飞机结构中约占 25% 的碳纤维增强塑料到它独特的宽体机身,A380 旨在为制定新标准而设计,以至于像希思罗这样的大机场都需要花费几百万英镑来整修才能用上它。它的飞行距离长达 15 200 千米(足够从纽约直飞香港了),巡航速度 0.85 马赫。A380 将为国际旅行开发新的线路及可能性,但真正的突破却在于它的庞大体积与雄心壮志。

无论你从哪方面看,A380 都是个庞然大物。它的翼展达 79.75 米,最大的起飞重量是 54 万千克,它比实力最接近的对手要多提供 50% 的底面面积。A380 有诸多潜在配置,其最大的载客量是 853 人,目前是搭载 555 人的三级机舱布局,这已经远大于目前长途飞行的领跑者——波音 747-400 所能搭载的 416 人。

但这个长途飞行巨兽真正做到了环境友好的说法是否属实呢?对此,许多环保活动家认为这是个自相矛盾的说法。一如既往,公说公有理,婆说婆有理。作为仅有的几个坚持 ISO14001 企业认证严格标准的商用飞机,A380 是处于环保飞机设计的最前端。它要比波音 747-400 多了 33% 的座位,搭载了更多的乘客,而每 100 千米每名乘客耗油不足 3 升,大约是一辆家庭轿车的耗油量,要比 747 少 17%。同时,由罗尔斯·罗伊斯、通用电气、普·惠公司生产的高效的发动机每人每千米只产生大约 75 克的二氧化碳,这也要比 747 少(尽管波音认为,这并不比 747 的继任者 787 梦幻客机少)。另一方面,这些数字取决于飞机以近最大容量飞行,但 A380 最初的买家在几年内几乎不指望能达到。

与此同时,环保人士争论道,数百万已经使用过 A380 的乘客,再加上要将多余座位占满的商业压力、机场的拥堵及由此造成的城市化等诸多因素,反而加重了因长途飞行扩张造成的环境破坏。不管怎么样,在未来几十年里人们都将要讨论这个空中巨无霸为我们带来的利与弊。

豪华的内部设施可能使你忘记你是在飞机上!

双层客舱可以容纳多达853名乘客

统计数据……

空客A380
重量(空载):277 009 千克
长度:73 米
翼展:79.75 米
最大乘客数:853 人(目前配置为最大 555 人)
最大速度(在巡航高度):945 千米/时
最大的有效载荷:90 718 千克

A380 在布劳顿上空飞过,它的机翼就在此地生产。

研发A380

尽管 A3XX 系列在 1994 年才正式宣布,其实早在 1988 年它就已经出现在各个绘图板上了。起初,它只是旨在打破强大的波音 747 控制的顶级机密项目——"超大容量飞机项目"——的一部分。在其复杂的研究过程中,它经历了不同阶段:一开始,它是与波音公司超大型商用飞机(VLCT)的合作研究项目,然后是"飞翼"设计阶段,直至今天采用它引以为豪的椭圆形双层甲板形式。最终,因为人们认为这可以比传统的单层甲板提供更大承载量而得到一致认可,而且最终经证实它比 VLCT 项目及波音的新机型 787 更划算。

它在欧洲各地的 16 个工厂制造,其制造简直是一个后勤统筹上的噩梦。前、后机身部要从汉堡运到英国,而机翼在英国布里斯托尔与布劳顿制造,之后用驳船运到莫斯廷。与此同时,机腹及尾部则在西班牙的卡迪斯制造,之后再运送到法国波尔多。最终,这些部件都必须通过驳船、公路、铁路运送到图卢兹,在那里它们被组装在一起。沿途公路需要加宽,货船需要修整,驳船要经特殊建造才能装载这些部件。组装好的飞机必须飞回汉堡喷漆及完成其他最后的润色修饰。

结果证实,不仅是后勤有问题,A380 的研发恰好与东南亚的金融危机以及近期的全球经济低迷巧合,这都会波及研发经费及潜在市场。起初计划花 8 年时间、88 亿美元研发,而到目前为止,据估算,它已花费了 150 亿美元,随着货运版的研发,A380-800F 起初被延期,后来就被搁置了。同时,客运版 A380-800 的收支平衡点已从 270 架径直上升超过 420 架,其中 200 架已经被订购,近期已经向沙特阿拉伯航空公司交付 20 架。A380-800 于 2005 年 4 月 27 日从图卢兹起飞首航,它的第一个商业航班于 2007 年 10 月 25 日从新加坡飞往悉尼。

太阳能 飞机
仅靠太阳供给燃料的飞机

随着人们寻找可再生的碳中和能源的脚步日益加快,太阳能正引领飞机的发展。"太阳驱动2号"已取得突破,翱翔空中。这架惊人的机器仅仅依靠太阳提供动力刚刚完成环球不间断飞行。它的机翼宽72米,每个可以携带8 500块太阳能电池为电动机及4个锂电池提供动力。尽管其翼展大得惊人,飞机的总重量仅达2 300千克——仅仅跟一只大白鲨一样重。

在太阳能动力航空世界里另一个主角就是太阳能飞行公司。其最新项目是"追日者Ⅱ号",这是唯一一个运行的双人座太阳能动力飞机。它的模式与"太阳驱动2号"相似,都有长长的机翼,上面覆盖着太阳能电池板,并且机身轻巧。它的电池板已得到改进,比其前任的效率提高了50%。它可飞行12小时,其发动机功率为25千瓦。

使用太阳能的主要问题是:"夜间会出什么事?"白天的时候,并非所有能量都用上了,有足够的能量可以被存储于电池以备飞机在夜间飞行。

"太阳驱动2号"于2015年7月3日成功着陆,这标志着可替代能源取得了一个巨大成就。太阳能航空面对的另一个挑战是能不能搭载多名乘客。但愿有一天游客们坐在太阳能飞机里面沐浴阳光。

太阳能飞机剖析
"太阳驱动2号"如何升空并停留在那里

机翼
飞机的翼展总计72米,张开后比一架巨型喷气式飞机的机翼还要宽。

电池
飞机内有4块可再充电锂高分子电池,总计重达633千克,可以提供50千瓦的动力。

绝缘
为了使飞行员免遭40摄氏度到零下40摄氏度的温度变化,驾驶员座舱使用了热绝缘。

驾驶员座舱
驾驶员座舱容积只有3.8立方米,因此,它相当狭窄,但对于轻型设计却至关重要。

爬升
在白天,飞机将升至8 500米高空以充分利用能量,夜间则降到1 500米。

太阳能电池板如何工作

太阳能电池板到底如何将阳光转变成能量?在太阳能电池板内部有几个硅元件,彼此叠放着。其中一个硅原子具有它所有的电子,而在它下面的却缺失几个电子。为了恢复平衡,那个完整的硅原子就会向它下面的转移电子,但需要光来触发这个过程。一旦阳光照射太阳能电池板,电子就从一个硅元件转移到另一个上面,于是就产生了电流给负载充电。

尽管翼展巨大,"太阳驱动2号"仅跟两辆小轿车一样重

亲近太阳

欧洲航天局的太阳轨道探测器在2017年发射升空的时候将获得大得出奇的太阳能,因为它的任务就是要比以往任何一次探测都更加接近太阳,以便能拍摄到这颗恒星让人难以想象的照片。携带着3.1米×2.4米大小的遮光罩,这个探测器将在距离太阳4 200万千米的地方飞行,以便能拍摄高分辨率的图像并开展实验。它已经过严密的测试,因为它将要经历温度从520摄氏度到零下170摄氏度这样极端的温度变化。它的目的是要帮助科学家们更多地了解内日球,以及太阳活动对它的影响,以便能解答有关太阳风、日冕磁场及太阳爆发等问题。

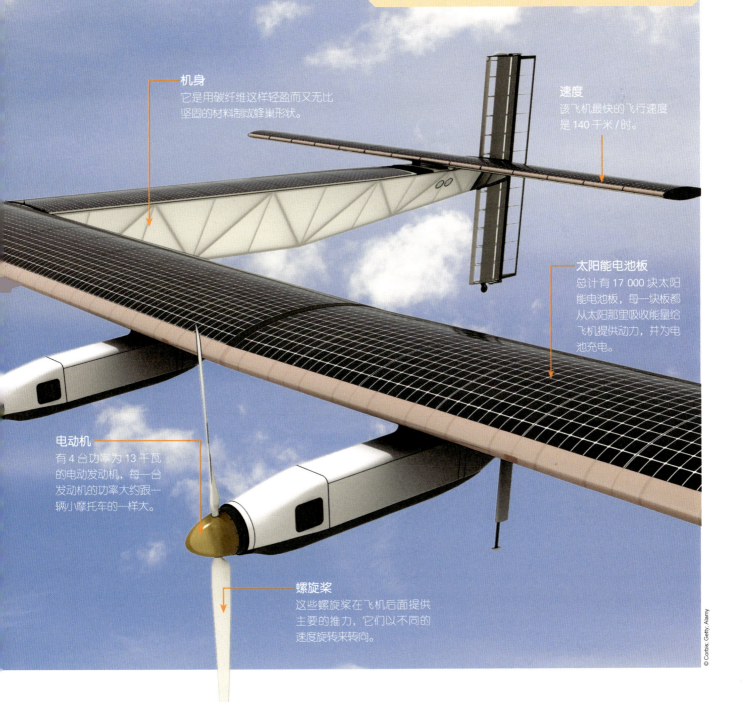

机身
它是用碳纤维这样轻盈而又无比坚固的材料制成蜂巢形状。

速度
该飞机最快的飞行速度是140千米/时。

太阳能电池板
总计有17 000块太阳能电池板,每一块板都从太阳那里吸收能量给飞机提供动力,并为电池充电。

电动机
有4台功率为13千瓦的电动发动机,每一台发动机的功率大约跟一辆小摩托车的一样大。

螺旋桨
这些螺旋桨在飞机后面提供主要的推力,它们以不同的速度旋转来转向。

登上空军一号

运送美国总统绝非小事，这需要专门的飞机以应对各种不同威胁及情况

空军一号是一架专门为运送美国总统出访而配备的飞机的称号。目前有两架飞机冠以空军一号的称号——两架都是定制版的波音 VC-25A 喷气机，它们从 1990 年起就投入使用了。

外表看来空军一号就像一架标准的大型客机，而实际上它是一架非常复杂的飞机，上面装备着一些高科技设备。在它 372 立方米的空间里，包含一个手术室级别的医疗舱、一个通信套房——它可以用作军事行动的指挥中心，外加一个装备齐全的办公室，里面配装着卫星电话及无线网络连接。此外，还有一个酒店风格的总统套间，足够第一家庭舒舒服服地住着；一个新闻舱供专用摄影师及记者使用；一间大会议室；以及其他一些机舱供客人、机组人员及安保人员使用。

空军一号用通用电气的 CF6-80C2B1F 涡轮风扇喷气发动机提供动力，每一台发动机可以输出巨大的 25 493 千克力[①]。这些发动机联合使用的话，就赋予空军一号 1 014 千米/时的最大飞行速度，如果再配合它巨大的油箱，这可以使总统及其随行人员迅速飞抵 12 550 千米最大航程以内的任何地点，而且无须再加油。

如果由于某个原因，超过这个航程之后，空军一号还要待在空中——例如，在发生核战争的时候——这时，飞行中可以使用一种追加的燃料，因为 VC-25A 还有一个内置的燃油补给容器。

机上至少有 85 部电话，以及多频率无线广播设备。单是连接各种系统的电线就达到惊人的 383 千米长。飞行舱与通信中心以及飞机上所有的电子系统都被电磁屏蔽，以防止它们被核爆炸产生的电磁脉冲毁掉。

[①] 1 千克力 =9.806 65 牛。

一架为总统打造的飞机

钦点定制的内部装饰以及塞满美国总统私人飞机里的尖端科技

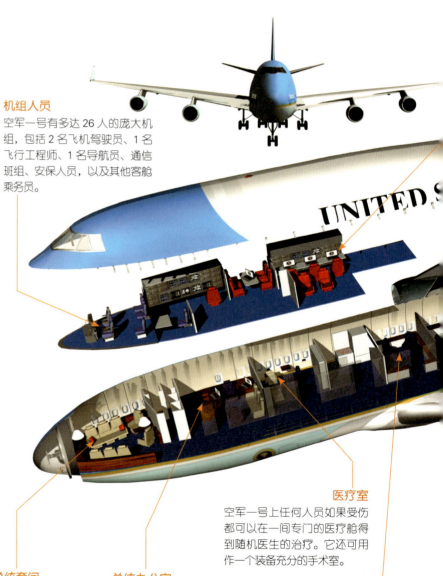

机组人员
空军一号有多达 26 人的庞大机组，包括 2 名飞机驾驶员、1 名飞行工程师、1 名导航员、通信班组、安保人员，以及其他客舱乘务员。

总统套间
这里面具有一个高级酒店房间里的所有便利设施，以方便总统及其家人在长途飞行期间可以休息放松。

总统办公室
虽说是人在旅途，然而美国总统常常要在飞行途中办公，一个装备完善的办公区域加上卫星电话的配备使这件事完全可能。

医疗室
空军一号上任何人员如果受伤都可以在一间专门的医疗舱得到随机医生的治疗。它还可用作一个装备充分的手术室。

安保
美国特勤人员任何时候都在总统身边，在空军一号上也同样如此。在整个飞机上他们都有自己的机舱与安保位置。

空军一号波音 VC-25A 的驾驶员座舱

美国前总统奥巴马与他们家的宠物狗 Bo 嬉戏。在一次前往夏威夷的飞行中，Bo 也在空军一号上。

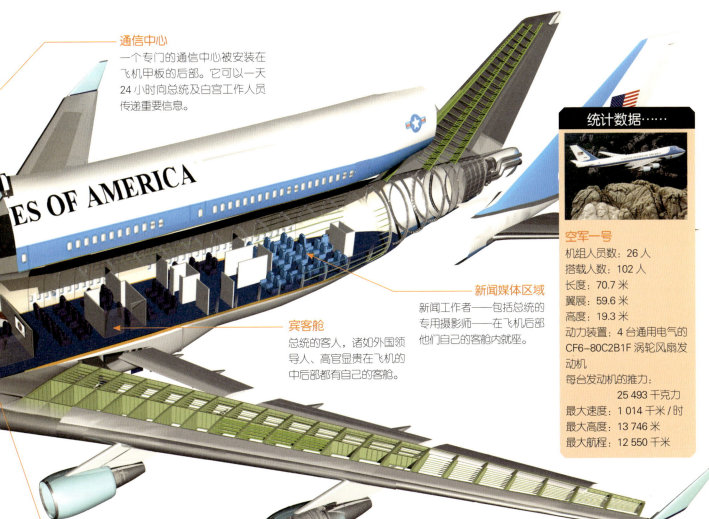

通信中心
一个专门的通信中心被安装在飞机甲板的后部。它可以一天24小时向总统及白宫工作人员传递重要信息。

新闻媒体区域
新闻工作者——包括总统的专用摄影师——在飞机后部他们自己的客舱内就座。

宾客舱
总统的客人，诸如外国领导人、高官显贵在飞机的中后部都有自己的客舱。

会议室
万一发生重大事件——例如，核攻击——总统可以召集参谋长、幕僚长等要员在会议室开会，商讨可采用的战术及任何军情。

动力装置
VC-25A 由 4 台通用电气的 CF6-80C2B1F 涡轮风扇发动机提供动力，每一台发动机能产生 25 493 千克力的推力。这使得飞机的最大飞行速度达到 1 014 千米/时。

统计数据……

空军一号
机组人员数：26 人
搭载人数：102 人
长度：70.7 米
翼展：59.6 米
高度：19.3 米
动力装置：4 台通用电气的 CF6-80C2B1F 涡轮风扇发动机
每台发动机的推力：25 493 千克力
最大速度：1 014 千米/时
最大高度：13 746 米
最大航程：12 550 千米

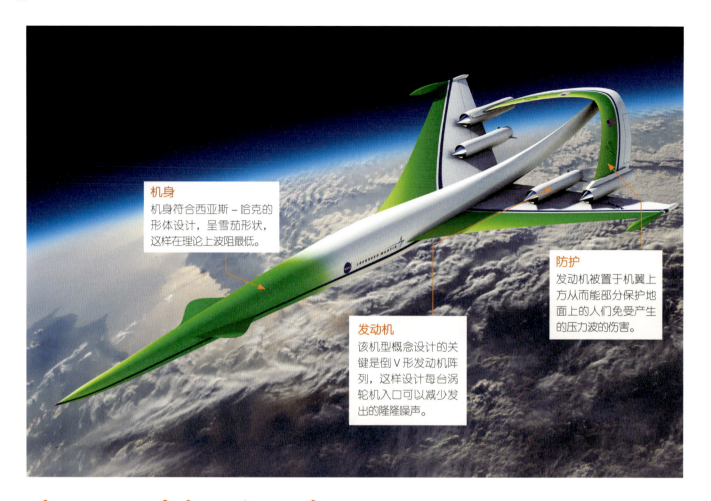

机身
机身符合西亚斯－哈克的形体设计，呈雪茄形状，这样在理论上波阻最低。

发动机
该机型概念设计的关键是倒 V 形发动机阵列，这样设计每台涡轮机入口可以减少发出的隆隆噪声。

防护
发动机被置于机翼上方从而能部分保护地面上的人们免受产生的压力波的伤害。

新型协和式 超声速喷气机

后续的协和式飞机即将面世，与其前辈相比，它的飞行速度惊人，且油耗及噪声得到极大消减

在 1976 年，我们乘坐商用飞机从伦敦到纽约只需三个半小时。整个行程超过 5 550 千米，平均飞行速度达每分钟 27 千米。同样的旅程对于一辆持续时速为 97 千米的梅特罗牌小型汽车来说，则要花近 58 小时（几乎是两天半的时间）——这没有考虑梅特罗不会飞行这一事实。

今天，跨过"水塘"——例如大西洋——大约要花七个半小时，这么长时间的旅程明显是属于长途旅行。因此，这就带来了一个问题：什么地方出错了？用一个词回答足矣：协和式飞机。那个技术产品在使用了 27 年后于 2003 年被报废了，才造成了如此漫长的飞行时间（详见 P70 "协和式飞机的终结"）。而且，自它退出后，没有哪一种超声速喷气机取而代之——使得乘客们无论要飞到地球上的哪一个地方，都只能以亚声速飞行，因而不得不忍受更长的飞行时间。

然而，一切都即将改变。在日益强烈的"地球村"意识——地球上所有国家的相互关联——驱使下，以及协和退出后留下的市场空隙刺激下，新一代超声速喷气客机被投入生产，企图在协和降落的地方能加速追赶，以彻底改变速度、效率，以及影响未来的超声速旅行为目标。

从美国洛克希德·马丁公司的"绿色机器"概念（一种能够消减声爆的超声速喷气机）到 Aerion 公司的超声速商务喷气机（一种引进了自然层流尖端新技术的机器），再到波音公司的 Icon-II 设计（一种夸耀能极大降低噪声及节油的飞机），这一产业的未来看起来已经令人兴奋不已。有史以来头一次私企与世界上最好的研究机构（其中之一就是美国国家航空航天局）合作以再次实现超声速飞行。补充一句，是在军事领域之外。

当然，虽说实现这一目标的发展蓝图勾画得日益具体清晰，还是存在有待克服的主要障碍——美国国家航空航天局号召各个公司研究各种方法以消除声爆的破坏性影响、提高燃率、改进超声速喷气机突破跨声速包层的性能（见 P71 "惊人的 1 马赫"）。这些要素不仅代表了几个实现超声速飞行要面对的挑战，还要使协和未能做到的地方最终在商业上可行。

在这篇特写中，我们要仔细看看有关超声速飞行的科学。

超声速"绿色机器"

洛克希德·马丁公司的"绿色机器"客机使我们看见以高速、环保为理念的航空旅行的未来

洛克希德·马丁公司近来由于其倒V形的发动机布阵而引起了美国国家航空航天局的兴趣。这个布阵位于机翼上方,是为了消减声爆的产生而设计的。声爆,就是当一个物体以超过声速飞行时,可以听到的一种巨大而清晰的噼啪声。发动机的安置也不只是出于美观考虑,还是一种策略选择,是为了有效利用机翼区域保护部分地面上的人们免受压力波的伤害,因此可以减少地面上可听见的噪声及超声速声震区。

有趣的是,这个设计也曾尽可能地朝超声速喷气机理想的空气动力形式发展。它的机身与西亚斯-哈克的模型极其相像(呈雪茄形状以将波阻最小化)。虽然没有具体的产品规格被透露出来,但据洛克希德·马丁和美国国家航空航天局所言,它们已经在风洞做模型大小的试验,该飞机将能飞出比肩协和式飞机的速度,但它的燃油及噪声却将极大地降低。

"绿色机器"的第二个设计方案,它是洛克希德·马丁公司创造出的新一代超声速喷气机

驱除声爆

为了最新的超声速喷气机能成为现实,必须设计特殊的技术降低噪声

即使是在运营的时候,协和式飞机也因为声爆的影响而被禁止以超声速飞越美国上空。说实在的,协和不能在大部分人们习惯的土地上空飞行意味着它不得不沿着拉长的、无效的路线飞行,这极大降低了它的效率。

由于世界各国都在关注超声速声震区(超声速喷气机飞行路线上的一段路径,在那里可以听到声爆),去除声爆是任何被开绿灯允许生产的超声速飞机都要解决的关键问题。这一领域分别取得了三个关键进展:比协和式飞机更薄的机翼,发动机重新被放置于机翼上方——这有效地将机翼变成防护层以将压力波分离地面——以及为飞机涡轮机创造塑压型的进气口。

虽然还没有实体的超声速喷气机投入生产,美国航空航天部门——国家航空航天局在2011年做的声爆试验证实,如果新设计能将发动机的出气口在狭窄的机身内隐藏得足够深,那么,几乎什么噪声都听不到了。

Aerion 公司的超声速商务机(SBJ)

SBJ 超声速飞机将能以 1.6 马赫的速度巡航,只需 4 小时多一点的时间就能将乘客从巴黎送到纽约

Aerion 公司很可能处于超声速飞行研究的前沿,它正与美国国家航空航天局密切合作,致力于研发将 SBJ 引入市场的必要技术。SBJ 是一种能以 1 960 千米/时的速度将乘客送往任何地方的装备。这项能力借助于对自然层流技术(NLF)的先进研究而产生。层流是一个与机翼相连的狭小空间内的空气仍旧停留在平整的剪切层,而不是变成湍流时的情况。这意味着层流气流越多,空气动力摩擦阻力对机翼的撞击越小,这提高了飞行航程及燃油经济性。

这是因锥形双凸面的机翼设计才使其成为可能。机翼用碳环氧基树脂制造,表面镀了钛前缘。这个技术再加上 SBJ 的铝制复合机身,不仅打造了一个航程达 7 407 千米、最大飞行高度为 15 544 米的飞行器,而且还同时做到降低油耗,从而降低了运营成本。后一点格外重要,因为这正是导致协和式飞机被弃用的主要因素。

材料
SBJ 的尾翼、机身以及短舱用铝及复合材料的混合物制造,以使飞机坚固耐热。

机翼
SBJ 的自然层流机翼将用碳环氧基树脂制造并镀有钛前缘,以防腐蚀。

发动机
SBJ 使用的是修改版的普惠 JT8D-200 喷气发动机,它的静推力被降到 8 890 千克。

SBJ 只需用 4 小时 15 分钟就可以从纽约飞到巴黎,这几乎是普通喷气机耗时的一半

数据统计……

Aerion SBJ
长度: 45.2 米
宽度: 19.5 米
高度: 7.1 米
重量: 20 457 千克
机翼面积: 111.5 平方米
发动机: 2 台普·惠 JT8D-200 发动机
最大速度: 1 960 千米/时
最大航程: 7 407 千米
最大高度: 15 544 米

协和式飞机的终结

协和式飞机是一件工程杰作。那么,是什么原因导致这款豪华喷气客机关门歇业?

敲响协和丧钟的很可能就是发生于 2000 年的法国航空公司 4590 航班的那场灾难性坠机事故,事故中至少有 100 名乘客丧生,9 名机组人员及其他 4 人死于地面上。事故原因是,就在不幸的协和式飞机事故发生几分钟之前,钛带从美国大陆航空公司一架 DC-10 飞机上脱落。这个脱落的钛带刺穿了 4590 班机的一个轮胎致其爆炸,飞溅的橡胶进入飞机燃料箱里,引起的冲击波导致油箱严重泄漏,电子起落架上的电线火花将发生泄漏的油箱引燃。

尽管协和可能是世界上最安全的客机,但空难之后,法国航空公司及英国航空公司——它唯一的两个运营商——的乘客人数都严重下滑,导致这两家运营商的协和式飞机于 2003 年停飞。

一架英国航空公司的协和式飞机在临近退役前的一次起飞

惊人的 1 马赫

制造一架超声速飞机不仅仅是在亚声速飞机的机身上安装功率更大的发动机……

由于各种不同原因，超声速空气动力学要远比亚声速空气动力学复杂，其中首要原因就是突破跨声速层（在 0.85~1.2 马赫）。这是因为，若要突破这个速度范围，超声速飞机需要数倍的推力来抵消极大的阻力，这一因素又导致两个关键问题的产生：振荡波与热量。

振荡波来自从机身周围通过的空气（可以是正压、负压，或者正常压力下的空气），而且飞机的每一个部分都可能影响它的进程。就其本身而言，虽然空气环绕着薄薄的机身，对其的影响微乎其微，但当它到机翼时——是飞机横断面区域的一个巨大变化——它就会沿着机身产生振荡波。在这些地方形成的波将消耗大量的能量，并形成一种相当强大的阻力，被称为波阻。为了降低波阻，任何超声速设计都必须考虑横断面区域要尽可能平稳地变化，机翼要流畅地从机身弯曲伸出。

热量是另一个关注的大问题。持续的超声速飞行——作为阻力的一个副产品——使得所有材料都要经历迅速的，以及长时间的高温，一些个别零件的温度甚至达到 300 摄氏度。鉴于此，常规的亚声速材料，诸如杜拉铝就不适宜用在超声速飞机上。为了抵消这个影响，需要使用诸如钛、不锈钢这样的更坚固耐热的材料。然而，这常常又增大了飞机的总重量。因此，在耐热与重量控制之间达成可行的折中是一个关键问题。

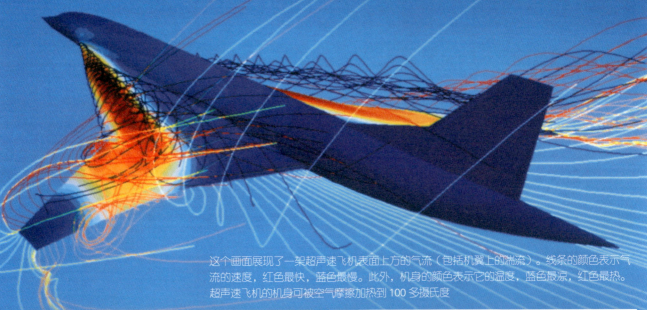

这个画面展现了一架超声速飞机表面上方的气流（包括机翼上的湍流）。线条的颜色表示气流的速度，红色最快，蓝色最慢。此外，机身的颜色表示它的温度，蓝色最凉，红色最热。超声速飞机的机身可被空气摩擦加热到 100 多摄氏度

声爆科学

什么是声爆？它是如何产生的？

当一个物体穿过空气时，将产生一系列的压力波，就此产生声爆。这些压力波以声速传播，当物体速度接近 1 马赫——大约 1 225 千米 / 时的速度时，它被压得更实。然而，当物体以声速（例如 1 马赫）运动时，声波变得非常紧密，会形成一个振荡波，这会对飞机形成一个马赫锥。马赫锥在其顶尖部分有一个高压区——在飞机产生噪声之前，在机尾部分有一个负压力，而锥后面的压力则正常。当飞机穿过这些不同的压力区域时，这些突然的变化产生两个不同的声爆噪声：一个是从高到低的压力变化造成的，另一个是从低到正常的压力变化造成的。

颜料流在此处用来显示超声速飞机表面的水流。机身表面的水流显示在一架全尺寸大小的飞机上气流是什么样子

在货运飞机上

货运飞机与客机有何不同，它们比这个星球上其他的交通工具能运送更多的货物？

货运飞机——无论是私人的、军用的，还是商业领域的——都是针对运货而设计的固定翼飞机，或者是由标准机型转化而来。客机下面通常有一个专门的货舱可以存放大约 150 立方米的货物。专门的货运飞机不需要座椅或其他商用飞机上常见的任何便利设施——但即便如此，它们的设计也绝不仅仅是一个掏空的客机而已。

为了最高效地利用可用空间，机内地板上建有一个通道及一些电滚轴，这可以使提前包装好的货板无须使用铲车就能尽快转回。机上安装大型货舱门以方便大件货物出入。在一些范例中，像波音 747-400 的机头可以抬起以便特大货物能通过机身。随着空运货物的需求日益增长，具有巨大载货量的飞机，诸如空客 A300-600 超级运输机（也被称作"大白鲸"），正在成为行业规范。

但仅仅加大飞机货舱的容量还不够。为了使货运飞机能高效、安全地运送其数量巨大的载货，飞机的整体类鸟设计必须做一些调整。例如，机翼与机尾的位置设计得较高，以便货物能靠近地面放置并易于装载。机身则要大得多——类似重型货车——货运飞机通常安装有大量车轮，在着陆时可以用来承载它们的重量。

货运飞机的认证

一架军用运输机需要用什么来完成任务

一架运货飞机的货舱，包含一条拖拉货物的传送带

减轻负载

根据所运送的货物类型（特大货物或者军用车辆例外），许多货运飞机都使用货物集装箱设备（ULD）。这使工作人员在飞机起飞前可以预先包装好货物放进单一的箱子里，以方便装载进货舱，这样可节约大量时间。它与海运的系统大致相同，使空间得到最大化利用，因而提高了效率及利润。集装箱自身或者是坚固的轻型铝板箱，或者是铝制的底部，四壁为强化塑料。集装箱有时会被变成独立的制冷单元来存放易变质的货物。

发动机
4 台涡轮风扇喷气发动机可以产生 19 504 千克力的推力。

车辆甲板
大型飞机（像洛克希德的 C-5 银河）完全可以运输几辆轻型车辆，它们甚至可以在甲板上驾驶。

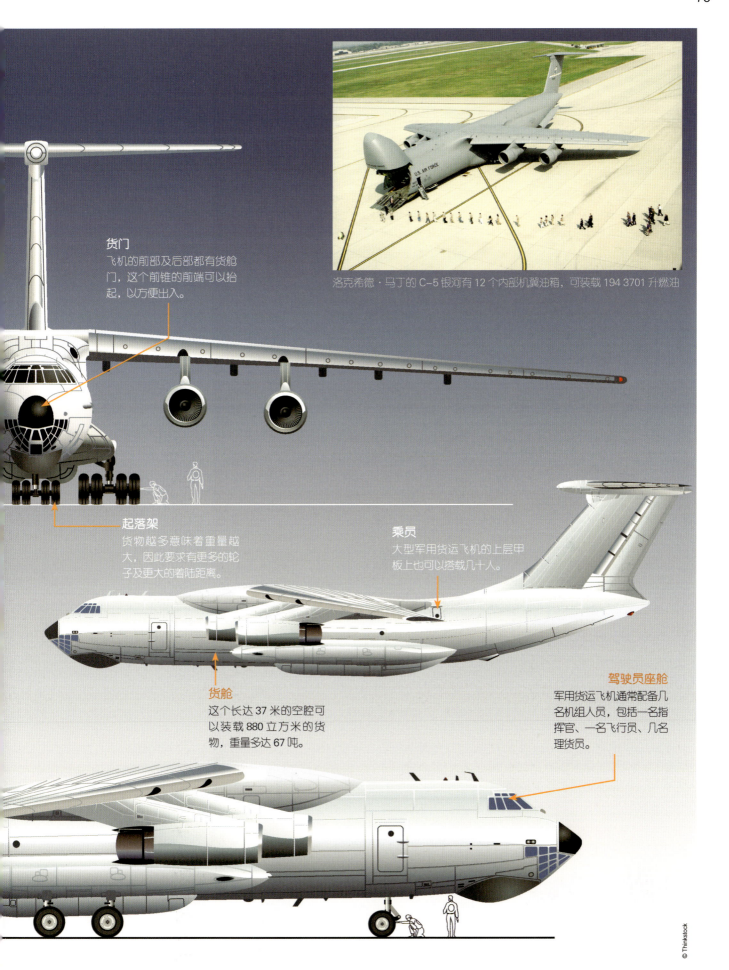

洛克希德·马丁的 C-5 银河有 12 个内部机翼油箱,可装载 194 3701 升燃油

货门
飞机的前部及后部都有货舱门,这个前锥的前端可以抬起,以方便出入。

起落架
货物越多意味着重量越大,因此要求有更多的轮子及更大的着陆距离。

乘员
大型军用货运飞机的上层甲板上也可以搭载几十人。

货舱
这个长达 37 米的空腔可以装载 880 立方米的货物,重量多达 67 吨。

驾驶员座舱
军用货运飞机通常配备几名机组人员,包括一名指挥官、一名飞行员、几名理货员。

垂直起降 飞机

在过去60年里，由于工程师们不断为航空学的圣杯而努力，垂直起降飞机取得了巨大的进步

1.机翼
一些排气管穿过鹞式战斗机简洁紧凑的机翼，这样可以使高压空气从发动机过滤到它的尖端，以增加飞机操作过程中的稳定性。

2.喷嘴
鹞式战斗机的一台飞马发动机的向量喷嘴。通过这四个喷嘴——它们可以绕一个98.5度的弧旋转——发动机的推力可以引向垂直或者短距离起降。

3.进气口
对鹞式战斗机垂直起降性能至关重要的是发动机将高压空气分布到各个可转向喷嘴里。空气从鹞式战斗机的两个进气口被吸入。

鹞式战斗机

所有垂直起降飞机中最为知名的鹞式战斗机由于其先进的技术以及空气动力学上的诸多性能在世界各地被广为使用

自从1969年引入市场，在过去的40年里，鹞式战斗机一直是垂直起降概念的缩影。诞生于以生产具有垂直起降性能的轻型攻击、多功能战斗机为目的的狂热的军备竞赛中的鹞式战斗机，证明在现实中垂直起降飞机是可行的，因此极大推进了先前设计的耗资巨大的纯学术领域的工作。说实在的，直到现在它仍旧在世界范围内正常运行，并因用途广泛、性能可靠而备受赞誉。

鹞式战斗机的垂直起降功能是通过使用罗尔斯·罗伊斯公司生产的飞马发动机而实现的。这是一种涵道涡轮风扇发动机，以四个旋转喷嘴为特点，风扇气流及核心气流通过它们排出。这些喷嘴可由飞行员通过一个98.5度的弧来旋转，由飞机上标准的常规后位（水平位置）转到垂直向下，使它既可以垂直起降，还可以悬停、向前，这使鹞式战斗机可以向后飘移。

所有的喷嘴由一系列轴及链传动装置来移动，这确保了它们可以一致行动，角度和推力则由飞行员在驾驶舱里控制。

控制喷嘴的角度由一个额外的杠杆决定，杠杆放在常规的节流阀旁边。这还包括垂直起降（这个设置确保与飞机高度相对的垂直位置得到保持）和短距离起降（适用于航空母舰）以及其他的固定设置。每一个设置都是专为帮助飞行员在困难情况下控制战机而设计。

当然，喷嘴的杠杆可以被飞行员递增改变。因为，为了能驾驶鹞式战斗机，根据喷嘴杠杆来较好地控制节流阀至关重要，这又为预备飞行员培训增加了额外的一个方面。

离开地面

1.推力
飞马发动机将其巨大的推力均匀分配给它的四个主要的向量喷嘴,从而为飞机提供提升力,并使其达到平衡。

2.稳定性
翼尖、机首及机尾的反应控制喷嘴同主要的向量喷嘴一起帮助飞机保持在空中的稳定性。

3.前移
必备的垂直推力一经实现,鹞式战斗机的飞行员就可以慢慢旋转向量喷嘴以便产生飞机前移的动力。

除了转向发动机喷嘴,鹞式战斗机在机头(向下射击)、翼尖(向上和向下射击)、机尾(向下和横向射击)还需要有额外的反应控制喷嘴,以保持在空中的稳定姿态。这些喷嘴里有从发动机处过滤并从穿过飞机的一组管道中分散出来的高压空气。通过阀门的控制,这种压缩空气的输入与利用使飞行员可以在高度、摆动、偏航方面调整飞机的运动。

一旦主要的发动机喷嘴被部分引导,过滤到前端喷嘴的压缩气体量由空速及高度决定,该系统就具有动力。

一个用来帮助鹞式战斗机垂直爬升的必备的可旋转向量喷嘴

为鹞式战斗机提供动力的罗尔斯·罗伊斯飞马发动机近景

沃特尔VZ-2直升机

作为第一种全功能的垂直起降飞机之一,波音沃特尔 VZ-2 为巨大的 V-22 鱼鹰 (Osprey) 奠定了基础

过去 50 多年间设计了多种垂直起降飞机,但大多数都属于以下两类:一些是基于发动机的转向喷嘴设计的,还有一些是基于偏转翼技术设计的。沃特尔 VZ-2 属于后一类,1957 年制造,是为研究垂直起降飞机的偏转翼技术而制造的一架不同寻常的实验研究飞机。其外形就像一架常规的直升机,虽然有一个类似飞机一样伸出的 T 形机尾,还有一个无遮盖的管状框架机身,泡状座舱罩下有一个一人位座椅。

VZ-2 有两个让其引以为荣的水平旋翼,它们由 1 台 515 千瓦的涡轮轴发动机提供动力,发动机被放置于可转机翼上,与放在 T 形机尾的一连串的导管风扇一起提供推力与提升力。由于设计轻巧,它的最大速度可达每小时 338 千米,可操作的较低的飞行高度是 4 206 米。此外,它还有一个 210 千米的极短的飞行航程。

尽管有上述种种缺陷,最终,沃特尔还是属于比较成功且富有成效的实验机,在其服役的 8 年期间,飞行 450 次,其中包括 34 次从完全竖直到水平转变的飞行。在今天巨大的斜旋翼飞机的设计以及 V-22 鱼鹰上使用的技术中都可以见到 VZ-2 的传承。

"VZ-2有两个让其引以为荣的水平旋翼,它们由1台700马力的涡轮轴发动机提供动力"

数据统计……
沃特尔VZ-2
机组人员:1 人
长度:8.05 米
翼展:7.59 米
高度:4.57 米
发动机:1 台艾维科·莱康明 YT 53-L 涡轮轴发动机

VZ-2 的第一次非过渡试飞

贝尔X-14

X-14 作为一架固定翼实验机,极大推进了垂直起降飞机技术的发展

不同于沃特尔 VZ-2,贝尔公司的 X-14 垂直起降试验机在设计与工艺上都尽可能接近现有的飞机,它甚至用其他现有飞机的零部件来制造。它不仅采用固定机翼,而且它的发动机也是放置于标准的水平位置,其最大飞行速度为每小时 290 千米,实际飞行高度为 6 096 米。X-14 的设计看来是常规的标准设计。然而,X-14 是第一种使用新兴的多方向发动机推力理念的垂直起降飞机,它主要依靠可移动叶片系统来控制发动机动力的方向。

有趣的是,成功飞行几年之后,X-14 被送到美国国家航空航天局艾姆斯研究中心,除了提供大量垂直起降飞行数据,还因其控制系统与计划给登月舱使用的系统相似,被认为是一个可供航天训练的有价值的试验机。说实在的,第一个在月球上行走的人尼尔·阿姆斯特朗就曾驾驶 X-14 作为月球着陆训练器。该机一直被美国国家航空航天局用到 1981 年才退役(它见证了多达 25 位飞行员出入其驾驶舱)。

数据统计……
贝尔X-14
机组人员:1 人
长度:7.62 米
翼展:10.36 米
高度:2.4 米
重量:3 100 磅
发动机:2 台阿姆斯特朗西德利毒蛇 8 涡轮喷气发动机

X-14 在跑道上为一次试飞做准备。

X-14 在一次示范飞行中

雅克-38

苏联海军航空兵第一架垂直起降战斗机，也是对垂直起降多功能战斗机的唯一一次研制，雅科夫列夫，雅克-38

在设计上受英国的霍克P.1154以及鹞式战斗机的影响，雅克-38垂直起降战斗机看起来跟它同代战斗机外形相似，但它的内部配置大不相同，而且总体建造及控制系统质量低下，这使它成为一个代价高昂的错误。不同于鹞式战斗机的1台飞马发动机，将一处源头的推力导向四个喷嘴，雅克-38只有两个发动机的喷嘴，主要依靠一对被分别装在飞机前端的、功率不甚强大的发动机联合使用为飞机的垂直起降提供动力。

除了它的系统不够精妙而且欠发达以外，雅克-38还是被一体化建造的。可是，很快在海上测试的时候，雅克-38就遭遇大问题。天气炎热的时候，独立的升力喷气发动机常常无法启动（因为缺氧），使其滞留于飞行甲板上，而且，虽然最初人们认为它能装载大负荷货物，可是炎热的天气也缩短了它的航程，以至于它只能搭载一个额外的油箱。此外，该机的发动机平均使用期限也极短，只有22小时。在一次次飞行任务中，许多飞行员都遭遇了严重的发动机问题（有20多架雅克-38因为发动机或者系统故障而坠毁），因此，它也很快获得杀手的名声。此外，它还极难驾驶，只能通过遥测技术/遥控指令链接来着陆，这使它在陆战中毫无用处。

显然，雅克-38并未达到它的设计理想——架能执行多种任务、具有垂直起降性能且时速达980千米、航程达240千米的战斗机——在1991年6月一次致命的坠机事故后，雅克-38终于退出服役。

雅克-38的起飞系统

2. 主发动机
雅克的主发动机只为两个主要喷嘴提供动力。

3. 排气管道
同鹞式飞机一样，一连串管子里装着高压空气。

1. 单独的发动机
2台单独的小发动机用于垂直起降操纵。

在苏联航空母舰甲板上的雅克-38

数据统计……

雅克-38
机组人员：1人
长度：16.37米
翼展：7.32米
高度：4.25米
发动机：1台图曼斯基R-28 V-300涡轮喷气发动机

V-22鱼鹰

作为世界上第一架斜旋翼飞机，V-22鱼鹰处于垂直起降飞机技术的最前沿

处于斜旋翼垂直起降飞机技术的巅峰，V-22已经发展了30多年，它具有起重直升机的运货能力，又具有固定翼货运飞机的飞行速度、高度、耐力及航程。这两种不同形式的飞机的奇妙糅合来自革命性的斜旋翼飞机技术——两个可由飞行员调节做90度转向的可转向转子——它们与可折叠的固定机翼连接，该技术既可以使飞机垂直起降，又可以进行常规飞行。两个转子都由艾利逊T406-AD400倾转旋翼发动机提供动力，鉴于飞机巨大的尺寸及运载容量9 072千克，每一个可以产生4 520千瓦的功率。

有趣的是，尽管V-22鱼鹰在短距离起降（STOL）操控上更加卓有成效，它在垂直起降操控上却输给了偏转翼垂直起降飞机，如沃特尔VZ-2所演示的，就竖直提升力而言，它大约落后了10%。然而，由于它可以长时间使其转子保持在超过45度的角度，飞机的使用期限得到极大提高。

不幸的是，尽管目前它在伊拉克及阿富汗冲突中操作安全且成功，可是在测试中V-22发生过许多事故，导致30多名机组人员及战斗人员丧生。

V-22垂直起降飞机有了新的突破

数据统计……

V-22鱼鹰
机组人员：4人
长度：17.5米
翼展：14米
高度：6.73米
重量：15 032千克
发动机：2台罗尔斯·罗伊斯艾利逊T406/AE 1107C-利伯蒂涡轮轴发动机

海洋：
登上这些
非凡的海上奇迹，
扬帆起航

第三章

海洋 猎手

这些惊人的工程壮举令我们前所未有地接近海洋深处

这下面是什么？这个问题让人类着魔了整整几十年。我们对月球表面的了解都要更甚于我们对这个星球深不见底的海洋的了解。由于探测海底有诸多局限，几乎就像探索太空的一样多。但是，当自然将问题抛向我们，我们总是以技术解决方案反击。

据说，在 1580 年的时候，一名英格兰客栈老板在思索浮力的特性以及船只的排水量时，设计了第一艘潜艇。从此，将人类关在一个加压驾驶舱从海平面送到已知的海底深处逐渐发展成为一个巨大产业，它对科学家、军方以及探险家都很重要。

但是潜到如此之深的地方有什么好处？那里又有什么可看的？研究海底及其特定区域的地质、地形特征有助于了解我们星球表面。研究板块构造的科学家从海沟可以了解很多，所获得的一些知识有助于在地震预测及海啸预警系统方面取得重大进展。

同样，研究聚集在海底的腐烂物质可以帮助我们更多地了解碳如何通过我们的生态系统循环，以及它如何存储于海洋当中。接下来，这对我们了解气候变化也会产生影响。

潜水器，即载人潜水器，通常搭载 3 名乘员。最知名同时也是服役时间最长的潜水器之一，是一艘名叫"埃尔文"的潜水器，它是第一艘能载人的潜水器，属于位于美国马萨诸塞州的伍兹霍尔海洋研究所。同样也可以进行深海探测与研究的还有远程操纵潜水器 (ROV)。这是些机器人，可以在其母船上控制，它们装备着摄像机与一些工具用来拍摄影像并采集海底深处的样本。

在海洋底部，液体静压力是一个主要的不利因素。每深入海面下 10 米，压力就增大 1 个大气压。在海底最深处，那意味着压力大小相当于站在一张邮票上保持平衡的大象的重量。为了承受如此巨大的压力，深海潜水器必须极其坚固。

潜水器和远程操作潜水器（ROV）的外壳必须用耐压材料制作，使其不会在极高的压力下弯曲。钛金属因为其不可思议的强度及抗腐蚀性而经常被使用。此外，钛既能承受深海海沟的冰冷，又能忍耐水热活动产生的酷热高温。

在"维珍海洋"号潜水器的背后有新兴科技的支持

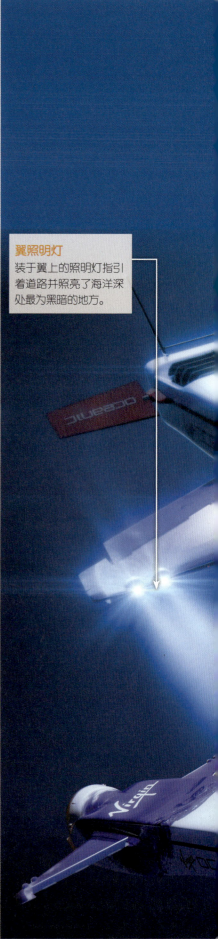

翼照明灯
装于翼上的照明灯指引着道路并照亮了海洋深处最为黑暗的地方。

"维珍海洋"号潜水器

探索理查德·布兰森为深海探险研发的创新工艺，由潜艇制造专家格雷厄姆·霍克斯设计

11 034米 这艘潜水器预期达到的深度

耐压壳体
潜水器驾驶员躺在用13厘米厚的碳纤维制作的圆柱形的管子里。

潜水器的翼
就像一架倒置的飞机，这些符合流体动力学的翼专为将潜水器拖下水而设计。

有浮力的泡沫
潜水器的浮力由复合泡沫材料提供，这是一种用嵌入环氧树脂的中空玻璃微球制作的材料。

推进器
这些推进器在翼的完美配合下，可以使潜水器在海底巡航10千米。

观景穹顶
背离潜水器传统，这个半圆形穹顶是用合成石英制成的，为观察海洋深处提供全景式视野。

"埃尔文"潜水器内部

参观在海洋科学领域服役时间最长的深海潜水器

推进器
七部可逆推进器驱动"埃尔文"潜入深海,使其能以大约 1.85 千米/时的速度巡航。

潜望塔
潜望塔固定在驾驶员及乘员进入潜水器的舱口,舱口位于耐压壳体的前面。

摄像机及照明灯
"埃尔文"上安装有高清摄像机及 LED 灯,用来记录潜水过程及照明。

压舱球
可变的压舱系统将海水抽入或者抽出球形罐以改变潜水器的总重量。

电池舱
两个电池舱为"埃尔文"提供动力,可为其提供长达 6 小时的潜水时间。

人员舱
新"埃尔文"的人员舱比以前的更大一些,人体工程上做了改进,有五个观察窗。

操纵器机械手
液压驱动的操纵器可以使"埃尔文"执行一些诸如采样的任务。

样品篮
这个篮子可以使"埃尔文"携带设备到目的地,或者将采集到的样品、文物带回水面。

4 600 多次
"埃尔文"50 年历史中的潜水次数

　　潜水器的耐压壳体是所有部位中最坚硬的区域,它要使潜水器内部的压力适宜人类在里面停留。球体是最常用的外形,因为这个形状可以使压力均匀分布。

　　许多潜水器以球形的人员舱为特征,该舱用同一要素无缝建构,因为结合点会削弱结构的强度。海洋科技公司 DOER Marine 的"深度搜索"潜水器就采用了这个技术,它的球舱用无比坚硬的玻璃制造。

　　而有一艘潜水器却使用截然不同的材料制造了耐压壳体,那就是"维珍海洋"号潜水器。它的主要特点是采用了 13 厘米厚的碳纤维制造的圆柱形隔间,隔间上覆盖着圆形观测穹顶,穹顶采用无比坚固的合成石英制造。

　　潜水器设计的另一个要素是浮力。潜水器必须能下沉、能上浮,还要能按驾驶员的指令在水柱中盘旋。许多潜水器,包括载人的及遥控的,使用储水泡来压舱。这些储水泡可以随意充满也可以抽空以确保潜水器在水中可以移动。

　　为了使潜水器及远程操作潜水器(ROV,又称水下机器人)能浮起,它们大多装载有陶瓷球体,里面注满了空气。这些陶瓷球体通常与一些复合泡沫塑料,即一种极轻的、由内含玻璃微球的环氧树脂制成的物质安装在一起。这些性能与压舱球一起运行,同时也作为潜水器的安全性能发挥作用。如果潜水器在海底深处遇到问题,任何消耗品都可以抛掉以减轻重量,浮力将使潜水器浮出水面。

　　具有多种不同配置的远程操作潜水器(ROV)具有大不相同的用途与潜水深度,许多被石油企业用于钻井支持或者海底建设,海军用于搜索与寻回任务中,科学家用于探测海洋、采集数据。

提问一位海洋学家

丽兹·泰勒，海洋科技公司 DOER Marine 的总裁吐露了深海探测面临的挑战

今天深海探测面临的主要问题是什么？
我们有能力与技术建造载人的及无人的系统，它们可以安全可靠地抵达海洋的最深处。所缺乏的是有效资助深海探测的意愿；为了进行有意义的探测，我们必须甘愿接受这一事实，即并非所有探险都能如我们所预期的那样进行，最伟大的发现往往是无意中获得的。

DOER Marine 已经研发了什么技术？
我们已经在致力于应用科学的开发，如执行多种任务的水下机器人及潜水器。我们的系统在设计上可根据新技术与客户需求而改进。例如，去年我们交付夏威夷大学的 6 000 米水下机器人可以支持一系列不同学科的研究，诸如支持载人潜水器项目、阿罗哈车站海洋观测系统，为历史残骸、旧的军需生产地址等提供文献。此外，它还可以执行基本的地质、生物调查及采集样本的任务。它装备着高清摄像机，可以支持多种传感器，它具有千兆以太网，可以将数据采集性能最大化。

最近几年来这个领域有什么重大进展？
主要进展在材料科学、处理能力及许多部件的小型化方面。然而，对于载人潜水器而言，电池技术的进步可以说是改变了游戏规则。

新的深海技术帮助取得了什么重大发现？
一些最有趣的新发现关系到源于海洋的、大有前景的新型药物。斯克利普斯海洋研究院的科学家们一直在研究一些能有效对抗食肉菌的微生物。加拿大癌症协会已经资助一项关于深海海绵动物的研究。海绵动物在人造肾脏研究中也得到研究与模拟。其实，最大的发现就是，关于海洋，我们还有太多东西有待了解。

深海探测的未来如何？
曾有很多言论说深海探测在朝着完全使用机器人与传感器的方向发展。然而，虽然传感器与无人潜水器是很有用处的工具，可是它们没有直觉，不能凭预感行动。它们对什么都不稀奇，也不能返回来立即分享它们的故事以引发人们的想象，促使更多人关注。鉴于我对目前所掌握的海洋知识以及它对我们生存重要性的了解，我想我们还会继续"乘船下到海底"（以及坐潜水器），但我们可能更多的是作为管家而非掠夺者。

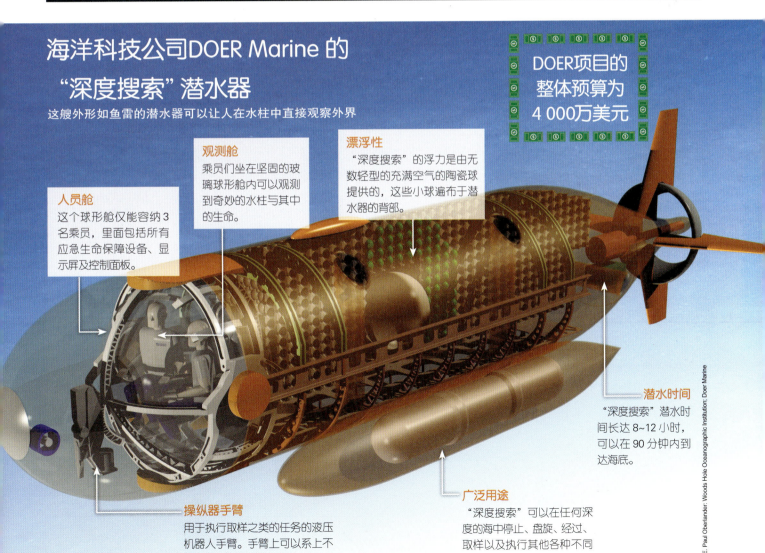

海洋科技公司DOER Marine 的"深度搜索"潜水器

这艘外形如鱼雷的潜水器可以让人在水柱中直接观察外界

DOER项目的整体预算为 4 000万美元

人员舱
这个球形舱仅能容纳 3 名乘员，里面包括所有应急生命保障设备、显示屏及控制面板。

观测舱
乘员们坐在坚固的玻璃球形舱内可以观测到奇妙的水柱与其中的生命。

漂浮性
"深度搜索"的浮力是由无数轻型的充满空气的陶瓷球提供的，这些小球遍布于潜水器的背部。

潜水时间
"深度搜索"潜水时间长达 8~12 小时，可以在 90 分钟内到达海底。

操纵器手臂
用于执行取样之类的任务的液压机器人手臂。手臂上可以系上不同工具，例如去核器。

广泛用途
"深度搜索"可以在任何深度的海中停止、盘旋、经过、取样以及执行其他各种不同的任务。

所有的远程操作潜水器（ROV，又称水下机器人）都装有一台摄像机，它可以将拍摄的视频与母船连接起来。在那里，操作员可以引导潜水器完成任务。水下机器人通常具有各种专业化程度很高的功能，例如，液压驱动的操纵手臂可完全在水下机器人控制下由人来使用。远程操作潜水器可以用来完成一些人无法做的事情，可以像科学家在太空中使用着陆器与探测车一样，被用于海洋中。一些ROV可通过使用光纤系带来操作。它将水下机器人与母船连接起来并且在控制中心与水下的单元之间传递信息。用一个系带可以限制水下机器人的潜水深度，为其提供一定程度的安全保障，这样水下机器人就不容易在海中失踪了，也就是说，除非系带缠绕成一团或者被挣脱。其他的远程操作潜水器系统则可以无绳操作，或者在海底脱离线缆，例如，伍兹霍尔海洋研究所（WHOI）的自动海底探测器（ABE）。

使用ROV探测深海、打捞沉船或者采集样本的好处是它不会给人的生命带来风险。

然而，海洋学家却争辩说，水下机器人的工作无法跟人类大脑的反应相比。生命保障是潜水器的重要构成。驾驶员及乘员需要处于持续的压力及舒适的温度之下，并且要持续供给可呼吸的空气。乘员们呼出的二氧化碳及水蒸气需要去除（这常常使用与太空飞船相同的方法来实现）。任何可能想到的意外事故的应急方案都要到位。在詹姆斯·卡梅隆的"深海挑战者"远征中，他的驾驶舱被设计可以凝结水蒸气及乘员身上的汗液并将其收集进一个特质的袋子里，以备紧急情况下饮用。

个人深海探测

作为渺小的人类，超级大国让我们高不可攀，但有的时候，科技却能让我们很好地模仿这些超级大国的作为。如果你曾梦想在水下呼吸，或者能不用潜水器就可以探测海洋深处，那么看一看这款"钢铁侠"风格的潜水服。使用常规的潜水装置，潜水员要受限于水压作用于人体的影响及漫长的解压停留。然而，这款可穿戴的潜水器是一套新型潜水服，可以令潜水员比较舒适地直接从海平面下沉到令人目眩的350米深的海底，其生命补给可维持50小时。这套宇航服风格的潜水服由铝合金制成，重达250千克，由4台推进器驱动。这套潜水服将与一个装备有摄像机与视频设备的ROV一起协助海洋科学家亲身体验海浪下的研究生活。

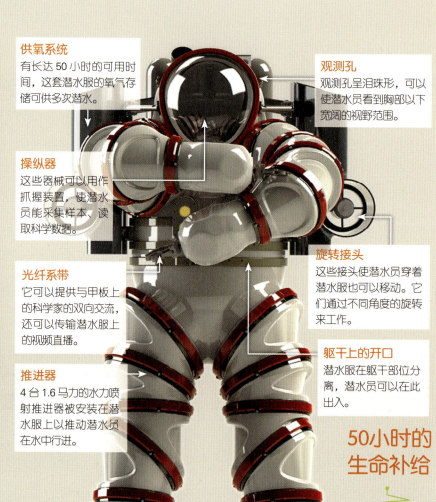

供氧系统
有长达50小时的可用时间，这套潜水服的氧气存储可供多次潜水。

观测孔
观测孔呈泪珠形，可以使潜水员看到胸部以下宽阔的视野范围。

操纵器
这些器械可以用作抓握装置，使潜水员能采集样本、读取科学数据。

旋转接头
这些接头使潜水员穿着潜水服也可以移动。它们通过不同角度的旋转来工作。

光纤系带
它可以提供与甲板上的科学家的双向交流，还可以传输潜水服上的视频直播。

躯干上的开口
潜水服在躯干部位分离，潜水员可以在此出入。

推进器
4台1.6马力的水力喷射推进器被安装在潜水服上以推动潜水员在水中行进。

脚垫
脚下的压力敏感型垫子让潜水员可以控制推进器及行动的方向。

50小时的生命补给

这套创新性机械护甲在初步试验中的原型

搜救潜水器

潜水器及远程操作潜水器（ROV）的最大用途之一就是它们可以到达人类不能前往之处，而且能滞留很长一段时间。正因如此，它们是极其有用的搜救设备。1966 年，伍兹霍尔海洋学研究所的深海潜水器（DSV）"埃尔文"，受命去查找从一架在地中海失事的飞机上坠落的氢弹。"埃尔文"搜了两个月才在 762 米深处的海底把它找出来，而且还找到了系在一起的降落伞。

一个更近一些的潜水器搜救例子是水下机器人（AUV）蓝鳍-21 搜寻失踪的马航 MH370。在 2014 年 3 月 8 日，一架从吉隆坡飞往北京的马来西亚航空公司的航班从雷达显示屏上消失，之后，它被推断在印度洋西南区域失事坠毁。为了在如此之大的搜寻区域找到失踪的飞机，蓝鳍-21 被选中前来支援搜寻任务。

这个水下机器人装备有侧扫声呐———种利用反射的声波而不是光线制作海底图片的声学技术。蓝鳍-21 可以被设置来搜寻一个特定区域，在海底 50 米上方扫描 24 小时之后，其数据被下载分析。这样就可以制作出该区域的 3D 图像凸显出任何可能与失踪飞机相关的残骸。

不幸的是，尽管在 850 平方千米的广阔区域扫描搜寻，在本书写作的时候，蓝鳍-21 还是没有确定失踪飞机的坠毁位置。

先进技术
拖曳声波定位仪 TPL-25 使用一个强大的水中听音器细听从失事飞机黑匣子上传出的声脉冲。它可以探测到 1.6 千米以外的地方发出的信号。

导航系统
潜水器上的加速计与回转仪帮助这个水下机器人从一个已知的出发地点追踪自己的方位。

重要数据
蓝鳍-21 可以潜入 4 500 米深的海底，其速度可达 8.3 千米/时，重量达 750 千克。

多波束回声测深器
蓝鳍-21 上装备的这项技术可以探测潜艇所调查水域的深度。

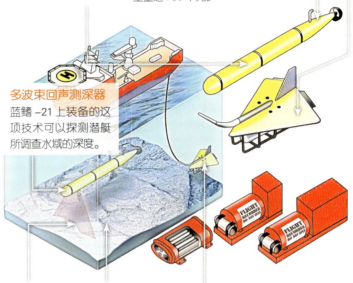

侧扫声呐
它可以绘制出海底地图以查看是否有飞机的机身停留在海底。

搜寻距离
拖曳声波定位仪 TPL-25 每日搜寻的面积为 260 平方千米。

拖曳声波定位仪 TPL-25
通常被拖曳在一艘考察船后面的 TPL-25 也被用来搜寻马航 MH 370。

蓝鳍-21 的设计令人想起鱼雷

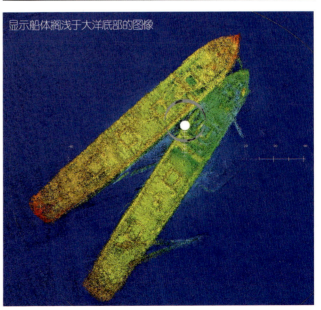

显示船体搁浅于大洋底部的图像

其他类型的水下机器人在设置程序后可以给自己领航以便执行任务。这些机器人被称作水下机器人，或者是自主水下航行器(AUV)。这种微型潜水器被用来扫描面积更大的海域，因为AUV能够比载人潜水器在水下工作更长时间，而且潜水深度更甚于远程操作潜水器（ROV）。

"海神涅柔斯"就是这样一个设备，为伍兹霍尔海洋研究所（WHOI）所有。这是一个混合型远程操作潜水器（HROV，H代表混合型）。这种机器人可以通过程序设置独自冒险去海底扫描，它主要使用声呐制图及摄像机系统。如果发现什么有趣的东西，它可以通过一个系带就返回出发点。而且它还装备着额外的取样设备，可以根据船上的科学家的命令采集样本。

类似的方法也被用在另一个更小一些的AUV——蓝鳍-21上，它由美国蓝鳍机器人公司研发。这款AUV使用回声测深器及侧扫声呐，在海底扫描探测时间可以长达24小时。之后，GPS系统引导它回到母船上，在那里，科学家分析所得的数据。

如果发现什么有趣的东西，蓝鳍-21即可带着潜水器上装载的高分辨率成像设备回到原址让科学家仔细查看。除了外部性能，潜水器及ROV还需要装载诸多其他技术。

海洋的最深处漆黑一片，因此，大多数潜水器及ROV都用强光为海底深处提供照明。这些以及潜水器上的一切都是用电池驱动的。除了上浮与下潜速度，电池寿命还决定了潜水器的水下工作时间到底有多长。许多潜水器的蓄电池仍旧使用铅酸电池。但现在也有许多潜水器引进了锂离子电池。"埃尔文"最新升级的第二阶段准备引入锂离子电池，以便能大幅增加其水下工作时间。

典型的载人潜水器将装载计算机以记录数据并监测所有电子系统。除了GPS及航行追踪系统、声呐、通信设备（卡梅隆的破纪录的潜水器甚至还能发送短信）之外，潜水器及ROV还将装备许多不同的传感器，以监测潜水器外部的参数并实时将数据传送回去以供分析。许多潜水器及ROV还可以根据它即将要完成的任务来装配各种专门的设备。

挑战者再探深海

向前快进54年，深不见底的马里亚纳海沟迎来了它的第二批人类到访者。自从皮卡德与沃尔什来访后，再无人到此一游，直到詹姆斯·卡梅隆于2012年3月26日完成他的"深海挑战者"远征。

"深海挑战者"是一艘与众不同的潜水器。这款绰号为"大红花菜豆"的潜水器结构风格独特，完全不同于标准潜艇庞大笨重的设计。它又细又长，可以垂直下降到海底深处。潜水器旋转上升或者下降以保持在轨。驾驶员带着定制的电路板坐在一个狭小封闭的球形座舱里。电路板由大号的模型飞机电池提供动力。潜水器外部排满了一大堆电灯为旅程照明。

卡梅隆携带着高清摄像机及视频设备再加上先进的取样器材降到10 908米深的海底。皮卡德与沃尔什当时无法记录他们的潜水过程，但卡梅隆的关于"深海挑战者"的长篇纪录片计划不久将在各大影院上映，这将大大弥补上述遗憾。

詹姆斯·卡梅隆准备下潜到马里亚纳海沟

工程师们花费了7年时间研发这艘潜水器

深海探测器的历史

置身于人类不断刷新的深海探测纪录

1. "深海挑战者"
10 908 米

2. "钢铁侠"潜水服
305 米

3. "维珍海洋"
11 034 米（预期）

4. "森瑟博创新者"
3 000 米

5. "深度搜索"
5 000 米

6. "埃尔文"
4 500 米

7. 蓝鳍 –21
4 500 米

8. 深海 6500
6 500 米

9. 凯科 7000 II
7 000 米

10. "深水飞行超级猎鹰"马克 II
120 米

11. "约翰逊海链"
914 米

12. "海之眼"山猫水下机器人
1 500 米

13. "深海工人 3000"
1 000 米

14. "大酒瓶 +"
3 962 米

15. "大力神"
4 000 米

16. "哨兵"
6 000 米

17. "米尔"深潜器
6 000 米

18. "鹦鹉螺"
10 902 米

XSR48 超级游艇

这个世界上的第一艘超级游艇是一个价值120万英镑的杰作。如你所预期的,只有顶级的工程师才能被请来制造它……

独特的玻璃屋顶
三层屋顶是用高分子聚合物与玻璃的混合物制作而成,有色且具热反射性能,可以控制舱内温度。

受到极端测试
研发者们以超过161千米/时的速度测试XSR48,而且还是在最为极端的海洋状况中测试。

稳定性
享有专利权的STAB稳定系统利用艇翼抵消让人心惊肉跳的海浪的翻滚与船体的倾斜。

水上F1
有一个F1式的电子控制的手油门、使用触摸感应器的远程配平片、直升机式的耳机通信单元。

在世界上,像XSR48这样的高速游艇在此前未曾有过。这是一个具有革命意义的机器,为此必须创造一个新的词语:见识一下世界上第一艘超级游艇!这是真正的创始者!两位世界摩托艇冠军设计了它,并会同造船学、流体力学、空气动力学、美学、人类工程学、推进技术领域的专家一同开发了它。

XSMG公司利用顶尖的游艇设计者及海事结构专家的精湛专业技能打造了这艘游艇。大功率至关重要:XSR48的双涡轮柴油发动机最小的输出功率都超过1 600马力。欧洲以外的国家也可以拥有超级动力的汽油发动机,它的输出功率大大超过2 000马力。一个容量为1 000升的燃油箱可以装载足够的燃油支持250海里的航程——而这是XSR48以50多节的巡航速度航行,这个速度要比每小时97千米还要快……

这个动力通过ZF变速箱输送到ZF表面驱动系统。穿透水面的螺旋桨由罗拉(Rolla)公司生产,用不锈钢制造。只有用这种螺旋桨系统才能经受住那种潜在的势不可当之力。经XSR以超过161千米/时的速度测试,这已经得到检验。

鉴于这种极端的力量,每一个座位上的减震技术都得标准化。可提供各种赛车风格的斗式座椅配置以保障乘客安全。为安全着想,所有座位都装备了全套的赛车甲胄。

但它不仅仅是速度。因为它使用一个复合式硬壳构造,得下更大的功夫来扩大内部空间——而且,它的内部装饰极尽奢华。例如,买家可以选择用碳纤维制造的湿室风格的浴室。

伊恩·桑德森访谈，XSMG公司的首席执行官

XSR48 被杰里米·克拉克森描述为"人类所创造的最美的东西"，创造它的念头出自 XSMG 公司的首席执行官伊恩·桑德森。他是一个快艇大师，拥有十个 UIM（国际摩托艇联合会）耐力摩托艇纪录和两个世界冠军、三个欧洲冠军头衔。"我感觉市场上 F1 赛车型摩托艇这一领域有一个巨大的空缺，这种摩托艇可以定位为海上超级跑车，一艘超级游艇，是海上的布加迪'威龙'。"他的总体意图是生产一种融合技术、性能，及 F1 跑车的驾驶体验于一身的摩托艇。为达到此目的，他将它建于一个全力竞速时能跑出 225 千米时速的船体上。

> "我感觉市场上 F1 赛车型摩托艇有一个巨大的空缺，这种摩托艇可以定位为海上超级跑车"

桑德森解释道，采用碳纤维硬壳式构造是为了降低重心、产生巨大的力量及坚固性，并且与传统设计相比，其内部容积增大了 40%。这意味着驾驶舱与艇舱更大了，燃油箱也大了，甚至舒适性也得到改进，因为里面可以安装更多设备了，诸如冰箱、空调机组等。

船体有三个横向台阶可以在船底引入空气以帮助船摆脱水面的摩擦。每到一个台阶，船体的 V 形从船头到船尾都会减少，这意味着船体在船头有一个又深又尖的 V 形，这可以使船破浪前进，并能高速行进。

内部
游艇的内部由劳斯莱斯、布加迪及宾利等名车的设计师参与设计。

船体与甲板
由聚酰胺纤维与碳纤维制成。这使得它牢固而坚硬，因而可安装全长的玻璃屋顶。

快速
一个高底部升高船体意味着即便是在波涛汹涌的大海中，游艇也可以实现较快的速度。它可以阻止 XSR48 从一个浪头上发射出去，却在另一个浪头上砸得粉碎。

发动机
Seatek 820 涡轮机是 6 缸，每缸 4 个阀门，直接喷射，具有骄人的可靠性记录。

表面驱动装置
XSR48 的超快速度意味着表面驱动装置是传送动力的最佳方案。

统计数据……

XSR48 超级游艇
制造商：XSMG World
单位价格：120 万英镑
大小：长 14.6 米；宽 3.19 米
总体高度：3.1 米
水上高度：2.2 米
发动机：2 台 10.3 升 Seatek 820 + 涡轮发动机，603 千瓦
燃油：柴油，1 000 升容量
最快速度：70 节
功率：1 640 马力（标准），1 900 马力（最大）

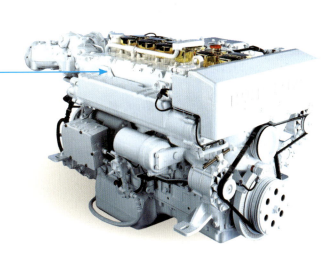

气垫船

这些不可思议的机器如何纵横陆地与海洋？

多年以来，气垫船被运用于军事领域与旅游行业中，从而见证了它们纵横干燥的陆地以及水上的能力。尽管它们曾被宣传为新一代的交通工具，可是在过去10年里，它们却变得不再那么受欢迎。尽管如此，它们的用处还是显而易见的。

气垫船的核心原理是，船体被悬在一个巨大的空气团顶部，由弹性橡胶固定在一定的位置上，使其可以穿越复杂的地形，或者破浪前行，而不会被大浪打得粉碎。

那么，它们是如何运行的？在气垫船的中心有一个巨大的风扇用来将空气向下喷射，这样船体就被气流向上推离地面，最大距离可达2米。船体顶部小一些的风扇将空气推向后方以赋予气垫船向前的动力。船舵引导水平气流以使船改变方向。

传统的气垫船有一个纯胶座，可以使气垫船在陆地与水面行进。但也有一些船有硬式侧壳，这使其只能适用于水上，可以在侧壳上附加螺旋桨或者喷水发动机以降低船的噪声。

气垫船已投入使用50多年

气垫

存储
空气在此储存起来，除非需要它加大提升力，这时空气就会从裙底气隙逃逸出来。

提升
空气被转移到增压室以增大压力使船体抬高。

气流
空气从主扇处被排放到下面的增压室里。

货运
大多数现代气垫船都是军用，就像这个气垫登陆艇（LCAC），可以轻松运送交通工具和军队。

裙座
这个可伸缩及充气的屏障不仅可以垫高船体使之越过障碍物，还可以锁住船体下加压的气垫。

增压室
船下面锁住空气的区域被称作增压室，它可以控制空气的逃逸以产生高压环境以及可控空气的流通。

气垫登陆艇（LCAC）内部

气垫登陆艇的什么部件使它可以漂浮？

船舵
就像飞机一样，后面的襟翼可以控制船，将气流引到一定方向，使其得以控制。

推力风扇
气垫船从这些后向风扇中获得推力，这些风扇一般安装在船的尾部。一些船使用导管风扇，但还有一些青睐无罩的螺旋桨。

升力风扇
位于气垫船中心的主风扇将空气抽进增压室。但也有一些气垫船是从推力扇那里分流空气，而升力风扇设计则更易于建造。

船体
驾驶员、乘客及货物大多在船体里面，它位于气垫顶部。

空气
气垫船漂浮于一个巨大的空气垫上，这极大降低了阻力与摩擦力，使它几乎可以在各种地形上行进。

裙底气隙
当从裙座与地面之间的缝隙（裙底气隙）逃逸的空气与升力风扇排进的空气达到平衡时，气垫船就达到它的最大高度。

提升力
当船底的空气压力大于船的重量时，船就会提升几米的高度。

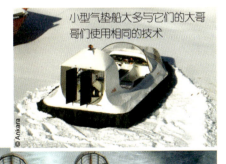
小型气垫船大多与它们的大哥哥们使用相同的技术

世界各地的军事力量对气垫船有不同用途

超大型油轮 详解

这些犹如"漂浮的油田"的庞然大物肚中承载着一个国家的能源需求

世界对石油求之若渴。每天，我们的汽车、货车、熔炉与飞机都会以汽油、柴油、煤油、喷气燃料和几十种有用的石油副产品的形式消耗掉8 500万桶原油，其中包括你今天早上涂在嘴唇上的凡士林等。试着想象一下8 500万桶的原油看起来是什么场景——而这仅仅是一天的用量。虽然欧洲与北美依旧是石油的最大消费者，但对能源的依赖却成了一个全球性的现象。只有一种方法才能将数百万计的石油从俄罗斯、沙特阿拉伯运送到美国、日本及其他国家，那就是装在世界上最大的船只的肚子里。

巨型油轮是满足我们现代社会巨大能源需求的超大型远洋油轮。这些漂浮于海面的巨兽般的"巨无霸"，可以在其甲板下的几十个储油罐中装载相当于300万桶的原油量，要比英国和西班牙合起来每日的消耗量还要多。

一年当中，数以百计的巨型油轮往返穿梭于世界的海洋包括北冰洋中，以惊人的效率输送20多亿桶原油，仅次于输油管。这些巨轮平均运输1加仑原油仅花费2美分的营运费用。

但这并非说它们很便宜。建造一艘崭新的超巨型油轮（ULCC）要花费8 000万~1亿美元。它们在韩国或者中国巨大的造船厂建造，中韩合起来要建造世界上80%以上的船舶。超级油轮是用被称为组合模块的巨大的预制件结构焊接而成。这些巨轮在设计时要考虑两个主要目标：一个是将油轮的装载量最大化，另一个就是要让它安全抵达目的地。

将装载量最大化的第一种方法就是让它变得更大。扬帆远航的最大的超级油轮是海上"巨无霸"，其载重吨位（DWT）为564 763吨。如果你站在"巨无霸"的船尾，它看起来几乎比世界上任何一栋摩天大楼都要高。现今的超级油轮在一个更合理但依旧庞大的300 000载重吨位上下。

超级油轮几乎在其整个货舱里塞满了储油罐，以此来将装载量最大化。现代的油轮并不装载真正的油桶，石油通过一个船舶管路系统被从岸上抽进甲板下面的几十个储油罐里。

通过使用许多小一些的储油罐，造船公司可以将摇晃效应最小化（见"晃动动力学"的提示）。虽然小一些的装满油的储油罐不会摇晃，避免了将其重量转移到大浪上，可是一个大一些的半空的储油罐却会摇晃，它携带的力量足以倾覆一艘超级油轮。一旦油轮抵达目的地，一台功率强大的船载电泵就会将油从储油罐里抽出并将其输送到岸上的管道、存储设施或者小一些的油罐里。

安全是超级油轮的主要考虑因素。首先，你是在运输容量巨大的极其易燃的液体（每一艘油轮船员的居住舱都有巨大的"严禁吸烟"的标识牌）！可结果呢，最大的危险不是石油本身，而是聚集在半满的储油罐里的蒸气。这就是为何现代的油轮都使用一种自动惰性气体系统来将储油罐未占满的部分加满各种混合气体，以使里面聚集的蒸气变得不可燃。

原油泄漏与溢油是另一个要关注的大问题，这既是出于经济方面，也是出于环保方面的原因。1989年，在恶名远扬的"埃克森·瓦尔迪兹"号油轮溢油事件后，所有油轮都被要求采用双船体构造。装载着储油罐的内层船体有外层船体的保护，它们之间有一个3米宽的缝隙。当油轮满载的时候，船体之间的空隙是空的，这就形成了一个有效的撞击缓冲区。当油轮卸完货的时候，这个缝隙被注满水来压舱。

对超级油轮而言，温度是另外一个严重问题。原油及其他燃油产品如果一直在低温状态下会变得黏稠，这会使它们几乎无法卸载。当超级油轮穿越几乎被冻住的北冰洋水域时，它们通过从每一个储油罐下面的线圈抽进热的蒸汽来保持想要达到的温度。

晃动动力学

一艘油轮船头的鸟瞰图

尽管超大型油轮体型、重量都大得惊人，可是令人吃惊的是，它们却极易倾覆。这是因为它们装满了液体货物，这些货物会携带着巨大的力量四处晃动，因此会改变船的重心。最糟糕的情况就是一个大储量油罐只装了一部分，这个"偷懒的油罐"里面的液体就会摇晃，并且随着船的突然移动或者是在巨浪、阵风这样的外力作用下而移动。因为液体晃动方向同船侧倾的方向相同，这就会增大船的倾斜，从而产生自由液面效应。当油轮试图恢复到中心位置，液体就会朝相反方向更加剧烈地晃动，引起正反馈循环，最终导致灾难的发生。为了消减自由液面效应的危害，超大型油轮使用几个小一些的储油罐，要么将它们装满，要么就让它们空着。

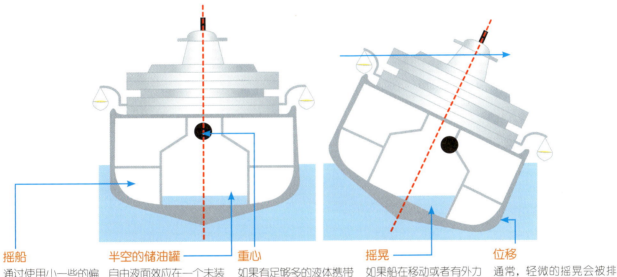

摇船
通过使用小一些的偏离中心的储油罐并将其装满油来消减自由液面效应。

半空的储油罐
自由液面效应在一个未装满的储油罐里被增大。液体可以在一个很大的区域里自由移动。

重心
如果有足够多的液体携带足够大的力量摇晃，就会改变油轮的重心，使船只无法自行调整。

摇晃
如果船在移动或者有外力使其右舷倾斜，液体将会朝相同方向晃动，从而加剧了翻滚。

位移
通常，轻微的摇晃会被排出的水的向上的压力所抵消，而晃动的液体会对抗这种纠偏的力量。

什么是原油

原油是原始的、未经处理加工的石油，它是通过石油钻探直接从地下抽上来的。原油的构成成分随地下油田的地点不同而不同。其主要成分是碳，碳占据了这个混合物的83%~87%。在这种黏稠的液体中也会有各种天然气冒出来，诸如甲烷、丁烷、乙烷及丙烷，它们由不同含量的氢、氧、氮、硫组成。这种黑或棕色的液体被运送到炼油厂精炼，并被分离成各种不同的商品，例如，汽油、柴油、煤油及液态天然气。

原油是由碳氢化合物组成的混合物

载重吨位

根据阿基米德的浮力定律，如果你将一个漂浮于水面的船压入水中，一种被称为浮力的力会向上推动船体，浮力的大小与船排出的水的重量相同。浮力只作用于密度小于水的物体。使超级油轮浮于水面的正是船体里面大量的空气。因为排水量等于船的重量，因此，我们可以根据船体上油漆的标记线来测量吃水线的高度，从而算出船的总重量——因为载重吨位已知。

超级油轮剖析图

知识大图解给你一幅巨型油轮的分解图并详细介绍其关键部位

通风孔
可燃蒸气会在货箱里聚集，必须使用甲板通风系统排出去。这些通风孔确保蒸气不会被排放到密闭空间里。

甲板管道
这些沿着油轮的甲板铺设的固定长度的管道被用于从岸上或向岸上输送原油。

直管
这些竖直排列的管道将油从甲板管道向下输送到储油罐的深处。

油舱
超级油轮的巨大货舱被分成十几个甚至更多的储油罐。不允许任何油罐跨越油轮的中央线，因为它会导致油轮失去平衡。

双船体
为防止低能碰撞或者搁浅造成的漏油，所有的现代油轮都是双船体油轮，两个船体之间有一个2~3米的撞击缓冲区。

挡板
每个大的储油罐都被一些竖直排放的挡板分隔，以此来将液态货物的晃动效应降到最低。

油轮发展的时间轴

19世纪60年代
风能油轮
一艘类似"伊丽莎白·瓦特"号那样的大帆船可以装载好几百吨原油，但它的远洋航行速度很慢。

1873年
第一艘蒸汽机油轮
SS Vaderland 油轮被认为是第一艘蒸汽机油轮。自1843年起，以其他类型的油轮为主。

1886年
现代油轮的原型
英国制造的"格鲁克福"号是第一艘在货舱中安装永久储油罐的油轮，不再将油桶塞进舱里。

1903年
内燃机油轮
阿尔弗雷德·诺贝尔的兄弟——卢德维格与罗伯特是油轮的创新者。"汪达尔"号是他们第一艘柴油电力船，由3台柴油发动机驱动。

1915年
战时加油
在驱逐舰从美国到英国漫长的大西洋航程中，"USS莫米"是第一艘用来为驱逐舰中途加油的大型油轮。

1958年
第一艘超级油轮
日本建造的"SS宇宙阿波罗"号油轮是第一艘载重量超过10万吨的油轮。

船员居住舱
超级油轮上只搭载最基本的船员，包括：船长、各级副手、工程师、轮机长、厨师、普通水手，他们一次在船上生活几个月。

导航与通信
现代油轮上装备着卫星通信塔、GPS导航系统以及先进的雷达装置。雷达可以显示附近轮船的身份及航线。

轮机舱
主发动机是二冲程、可倒转柴油机，可以产生超过 20 000 马力的功率来转动直径达 8 米的铜质螺旋桨。

泵舱
现代超级油轮上都装备有三四台蒸汽离心泵，用来汲取油罐里的油，将其输上岸，其速度可达到每小时 4 000 立方米。

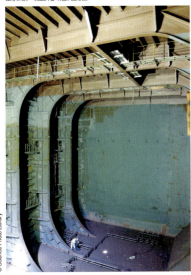

一艘超级油轮上可以见到的大型存储油罐

顶级产油大国
1. 国家：俄罗斯
日产：993 万桶
2. 国家：沙特阿拉伯
日产：976 万桶
3. 国家：美国
日产：914 万桶
4. 国家：伊朗
日产：417 万桶
5. 国家：中国
日产：400 万桶
数据出处：美国能源信息管理局

① 此处与 P92 所述最大的超级油轮为 564 763 载重吨位不符。原文如此。

油轮分类

油轮的型号各不相同。在此，我们将解释其中的差异以及具备何种资质才能称得上是超级油轮

中程油轮
< 44 999 DWT（载重吨位）
根据壳牌石油公司开发的平均船运重量估算系统，油轮按其最大载重吨位来分类。中程油轮的最大载重吨位为 44 999 吨，包括 Seawaymax 型号的油轮，指能通过圣劳伦斯河航道以穿过位于美国与加拿大边界上的北美五大湖进入大西洋的最大型号的轮船。

远程油轮1（LR1）
45 000 ~ 79 000 DWT
属于 LR1 类油轮的载重吨位为 45 000~79 000 吨，以超级油轮的规模来看，这可能算小的了，然而，LR1 确实有其自身的优势。例如，比 LR1 大的超级油轮都无法挤进巴拿马运河狭窄的闸门，经过巴拿马运河可以节省很多英里的航程。

远程油轮2（LR2）
< 160 000 DWT
一些 LR2 类油轮的载重吨位是 LR1 类中最大的油轮的 2 倍，达到 160 000 吨。LR2 类中小一些的油轮常航行于浅一些的海洋盆地的水域中，诸如北海、黑海及加勒比海。最大的 LR2 类油轮也在较浅的水域航行以穿过苏伊士运河，这样就可以避开非洲南端那一段漫长的航程。

巨型油轮（VLCC）
< 319 999 DWT
VLCC 以上就算正式的超级油轮了。VLCC 最大载重吨位为 319 999 吨。VLCC 也被称作马六甲型油轮（Malaccamax），它们是正好能通过马六甲海峡——位于马来西亚与苏门答腊岛之间一个深 25 米的通道——的最大油轮。

超巨型油轮（ULCC）
< 500 000 DWT①
这些体型庞大的船舶——更像是一个漂浮于水面的单一民族的独立国家——是超级油轮世界的怪兽，其最大载重吨位为 500 000 吨。一艘典型的 ULCC 可以运输超过 300 万桶原油，要比英国和西班牙加起来的每日能源用量还要多。大多数 ULCC 都太大了，无法通过运河，因此它们必须绕道非洲及南美洲风景优美的南端。

极限 潜水器

载人潜水器是如何安全降到深不可测的海沟的

2012年3月26日,詹姆斯·卡梅隆导演从世界上最深的大洋裂谷的最深处上升到水面:这就是位于西太平洋的马里亚纳海沟。他并非抵达11千米深的海底大峡谷的第一人,"深海挑战者"以及对此事件的宣传与他的名人地位大有关系。

卡梅隆其实是下到那里的第三人(在唐·沃尔什与雅克·皮卡德于1960年乘坐"的里雅斯特"号深海潜水器下到那里之后),但是,他是"深海挑战者"第二次载人任务的一部分,以及第一个只身一人到达马里亚纳海沟底部的人。从一个更好的视角来看这件事,NASA将24人送到月球上,其中有12人都离开了指挥舱并在月球表面行走,而这对这3个勇敢无畏的海底观察员来说本是不可忽视的壮举。

那么,这个地质巨兽带来的挑战是什么?这个深沟足可以吞下珠穆朗玛峰,而且还有2千米的水面漫过山峰的最高处。潜到如此深度,最大的障碍就是极大的压力。因为每一个单位体积的海水的质量要大于空气质量——通常是每立方米1 025千克对每立方米1.23千克,每下潜10米,几乎增大一个标准压力。因此,"深海挑战者"底部附近受到的压力要超过1 000帕,或者是1 000千克/平方厘米,尽管温度与其他因素会使之产生一定变化。

很自然,这样极大的压力会将我们压成肉酱,因此一个载人潜水器必须有极大的抗压强度才能维持其内部空间,同时还要使乘员保暖并提供可呼吸的空气。

海沟内的生命

对于海洋深处的生命我们知之甚少,但我们知道,在漆黑的海底中,依旧有生物在繁衍生息。能够代谢从深海热液喷口喷射出来的硫化氢及其他化合物的微生物构成了食物链的基础。反过来又吸引了一些特别的甲壳类、腹足类动物、蠕虫及鳗鱼等生物来到这个不宜居住的地方。令人难以置信的是,一种被称为有孔虫的巨大的单细胞变形虫生物体在海沟里大量存在。

生活在海洋深处黑暗区域最底层的多是一些食腐动物,水面上掉下什么它们就吃什么。但是,在海洋深处的极限发现的生物类群,都是在类似于太阳系其他行星的环境中,从太阳以外的其他来源获取能量。事实上,对这些领域的广泛研究已经为在宇宙中其他地方发现生命注入一线希望。

有孔虫是生活在海底极深处的巨大的单细胞生物体,从无机化合物中获取食物

深海挑战者

潜水器与潜艇的本质区别是,潜艇必须能够循环使用空气及自身的能量供给,而潜水器则必须依赖一艘水面上的支持母船。这就是为何军用潜艇可以出海数月之久,而"维珍海洋"及"深海挑战者"却充其量只能令其驾驶员支持一天左右。

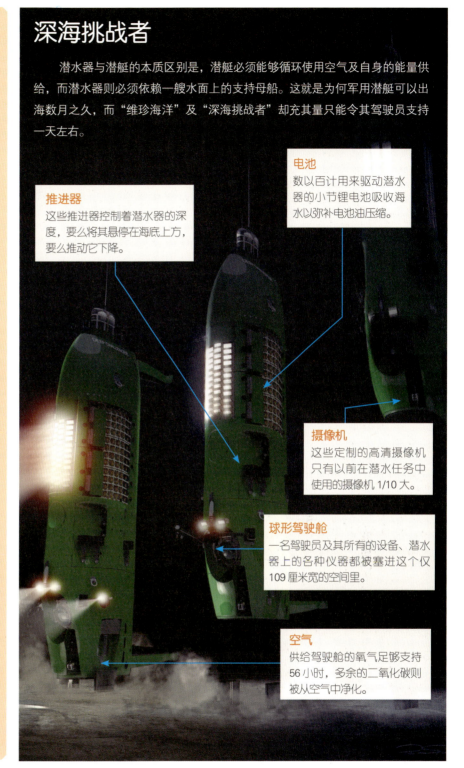

推进器
这些推进器控制着潜水器的深度,要么将其悬停在海底上方,要么推动它下降。

电池
数以百计用来驱动潜水器的小节锂电池吸收海水以弥补电池油压缩。

摄像机
这些定制的高清摄像机只有以前在潜水任务中使用的摄像机1/10大。

球形驾驶舱
一名驾驶员及其所有的设备、潜水器上的各种仪器都被塞进这个仅109厘米宽的空间里。

空气
供给驾驶舱的氧气足够支持56小时,多余的二氧化碳则被从空气中净化。

卡梅隆的"深海挑战者"与"的里雅斯特"号深海潜水器有类似的结构,虽说它的鱼雷般的外形是为纵向下降而设计的。在它的一端是球形驾驶舱,是唯一一道抵御致命水墙的防线。为了将重量降到最小并增大强度,潜水器内部直径仅有109厘米。艇身用6.4厘米厚的钢铁制造,球形的舱体使其更加坚固,如果它像其他潜水器一样是圆柱形的话,它的厚度将是现在的3倍。为了加快下降,450千克重的钢铁砝码被电磁铁吸在舱壁侧面。

如果驾驶员需要上升,它们会掉下来。但如果没有掉下来(因此导致潜水器下沉到海底),断电即可使它们自动坠落。水面上的支援队可以自己触发控制,而且作为失效保护,连接这些砝码与潜水器的电线在海水中浸泡13小时后会被腐蚀并断掉。

无论如何,"深海挑战者"使用复合泡沫塑料浮物——其密度足够抵御海底的压力,同时又比水轻——这些材料能在下降到海底所需时间的一半内迅速将潜水器提升至水面。

两栖机器

看一看这些尖端的交通工具，因为一些创新的设计，可以纵横于陆地、水上与空中

拥有功能完善的两栖交通工具的梦想要追溯到18世纪中叶。当时，一个意大利王子将一辆改良后的水陆马车开进了伊特鲁里亚海。虽然人们普遍都有这个奇怪的愿望，想要驾驶我们的轿车开进离我们最近的湖里，但是只有水陆两用车，一种有着现代风格的钢铁尾鳍的靓车，才取得了某种近似商业成功的成绩，在20世纪60年代售出了4 500部。

其他的两用交通工具则取得了更大成功，即海空两用飞机。这是因为一架简易的海空两用飞机或者直升机只需在一对起落橇上加装坚固的漂浮物就可建成。但是一个水陆两用交通工具则面临更多障碍，因为水上的工程规则常常与陆地的直接冲突。例如，一辆高速的水上摩托需要打破水线平面以降低阻力。想象一下一个宽敞的、具有流体动力学外形的快艇的船体，它的前部时而探出水面时而又钻入水中；然而一辆跑车的车身则需要平而低，以降低阻力，从而在急转弯的时候能使车身紧紧贴地。那么，你应该如何设计一个既潇洒又快速地纵横水陆的交通工具呢？

现代的两用交通工具与早期的模型相比有几个关键的优势，例如材料。水陆两栖车是纯钢制造的，它不仅会生锈腐蚀，还使车辆重如石头一般。要使一个钢制车辆在水上漂浮，你需要很大的排水量，这就要求车身庞大，而这在道路上会看起来很怪异。今天的水陆两栖车以及全地形交通工具（ATV）都是用复合材料制造而成——这是一种塑料与纤维混合而成的强韧且轻巧的材料。这些更轻巧的车身在水中容易浮起而且不需要太大的速度来打破水线平面。

推进力是另外一个大障碍。早期机动化的两栖车依赖螺旋桨来获得推力。螺旋桨的叶片必须小，以便在路上行驶的时候能离地较高以避免损坏。然而，小的叶片产生的推力也较小。现代两栖车则改成使用喷水推进系统，其车身外面不需要有活动件。喷水器从船底的一个孔吸水，使用发动机动力转动一个离心泵来加压，加压后的水被强制通过一个位于船体尾部的喷嘴，因而产生一个向前的推力。

"二战"以来，由于登陆艇、运兵车、吉普车起着重要的战略作用，军方一直大力支持两栖交通工具的研发。随着军方持续的资金支持以及不断的工程突破，我们可能很快就能见到一辆商业上可行的两栖车。

吉布斯Quadski 水陆两栖越野摩托

一辆仅用5秒就完成水陆变形的摩托车

Quadski是水陆两栖变形者，只需按一下按钮就可以从全地形车变成水上摩托。这种快速转换主要集中于车轮上，由于使用了两个灵敏的继动器，车轮可以在5秒内迅速收回。在陆地上，Quadski的外观与行驶都与其他的四轮摩托别无二致。在泥泞不堪的田野小道上行驶时，Quadski同样由1.3升130千瓦的摩托发动机驱动，这也是宝马高性能赛车系列使用的增压发动机。出于安全原因，在陆地上，发动机的上限设置在60千瓦，达到的最快速度为72千米/时。但最富魔力的事是看见这辆轻型全地形车从陆地驶入水中的那一刻。以前的两栖车的理念在水中几乎毫无生命力，车辆深陷水中行驶艰难。而Quadski则使用动力充足的130千瓦的喷射推进系统抽水，借此跃出水面。其玻璃纤维船体高高坐在水面之上，因此它在水上的最快速度与陆地最快速度持平。

喷射推进装置聚焦

Quadski 紧凑的喷水系统可以输出强大的推进力

驱动轴
喷水系统由一个与宝马发动机连接的驱动轴驱动。

进水栅
水通过水面下的一个进水栅注入喷水系统。

叶轮
就像螺旋桨一样，叶轮是一个利用离心运动来增加水压的旋转叶片。

泵站
泵站的封闭环境是增强高水压的关键。

推进喷管
推进喷管呈锥形，随着水离开喷嘴，它在流经喷管的时候加速，从而产生更大的速度与推力。

操纵喷管
Quadski 通过使用旋转的操纵喷管来调节喷水器以实现在水中移动。

倒转叶片
在一个喷水系统上倒转很容易实现，只要在操纵喷管上加一个盖子，喷射的水流就转到相反的方向。

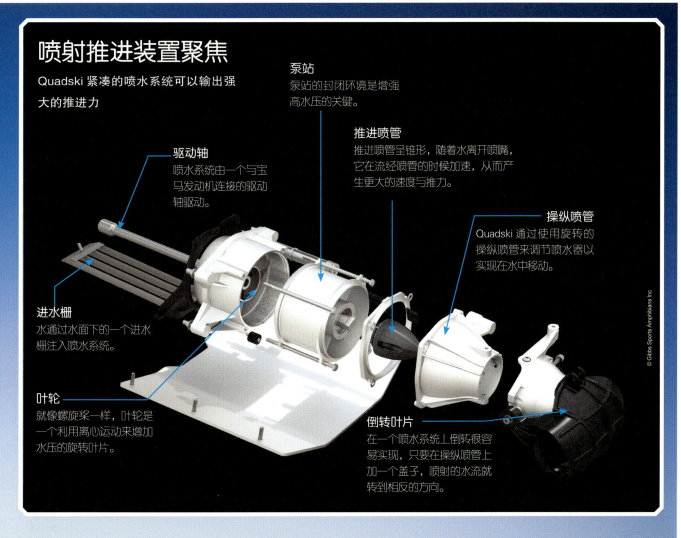

© Gibbs Sports Amphibians Inc

统计数据……

Quadski水陆两栖摩托车
乘员：1人
长度：3.2米
宽度：1.6米
高度：1.4米
重量：535千克
最大陆地速度：72千米/时
最大水上速度：72千米/时

林斯比得公司的sQuba潜水汽车　一辆被带入现实中的詹姆斯·邦德梦幻车

自从1977年观看电影《海底城》之后，林斯比得的CEO弗兰克·林德克奈彻特就梦想拥有一辆水下飞车。007的游泳车是sQuba的直接灵感，它是一个改装版的莲花爱丽丝，有3台电池驱动的电动机及氧气罩。当这辆防水的、铝质车身的莲花驶入一个湖中，它浮在了水面上。轻轻弹开开关，动力就转换到两个螺旋桨及两个喷水器上，使它可以5~9千米/时的巡航速度在水面悠闲地航行。要让sQuba潜水，需要驾驶员及乘员打开车门及车窗将座舱淹没。要在最大深度10米处行驶，驾驶员必须使用喷水器。在陆地上，零排放的sQuba的速度可以在5.1秒内由0飙升到80千米/时，但在水下，其最大速度却只有2.9千米/时。

道路速度
在陆地上，后轮由3台电动机中的1台来驱动，这使得sQuba锐不可当，最快速度达到了120千米/时。

无顶设计
开放的船舱使sQuba既易于下沉，在紧急情况下也容易驶向安全之处。

呼吸通畅
船舱内部耐海水腐蚀，以光滑灵巧的视频显示屏及安装在座椅上的氧气供给设备为亮点。

零排放
林斯比得将丰田发动机从莲花爱丽丝车上卸下，取而代之的是3台电动机与6块可再充电的锂离子电池。

车架
铝制及玻璃纤维制造的车身竟然重达920千克，因此需要大量泡沫及防水材料使其漂浮。

栅栏网格
当sQuba漂浮于水面时，潜水员可以打开栅栏里的百叶窗来将水流引向后螺旋桨。

喷射推进
sQuba的常规后螺旋桨被辅之以两个海上滑行车的喷嘴，它们被固定在车的两侧。

统计数据……

sQuba
乘员：2人
长度：3.7米
宽度：1.9米
高度：1.1米
空载重量：920千克
最大陆地速度：120千米/时
最大水下速度：2.9千米/时

道尼尔"海星"　陆、海、空：这艘飞船适用于各个范围

常规的水上飞机不过是一架装备着漂浮物的塞斯纳飞机。由于浸泡在水中，金属制的水上飞机很快就会被腐蚀，需要不断维修。因为没有起落架，它们就像金枪鱼一样会被困于水中。道尼尔"海星"外形颇像一艘快艇，其机身则完全用抗腐蚀的复合材料制造。如飞往陆地目的地，那么起落架则会从机身落下。宽阔的机身使飞机在水面上保持平稳，两台涡轮螺旋桨发动机也同样起到稳定机身的作用，它们被置于直接穿过客舱的两头一条直线上。两个螺旋桨的推拉运动可以使飞机搭载12名乘客起飞，仅飞行760米后，就可达180节的最大速度。短距起降由两套弯曲的稳定翼——侧舷突出的物体，用来增加机身的稳定性，位于中部——辅助完成。

统计数据……

"海星"
乘员：2人
翼展：17.6米
长度：12.5米
高度：4.8米
空载重量：3 289千克
最大速度：333千米/时
最大飞行高度：4 572米

轮船模式
"海星"是一艘会飞的船——而非一架漂浮的飞机——因此，它在水中稳稳地坐在V形船体上。

离开水面
两套稳定翼使其下方的船体更宽阔。稳定翼几乎可以用作移动时抬升船体的水翼船。

升空
随着机头抬出水面，阻力大大减小。因此，"海星"在760米内可以达到起飞速度。

爬升
推挽式结构的双涡轮螺旋桨发动机可以产生巨大的推力。因而，"海星"每分钟就可以爬升396米的高度。

滑水
稳定翼对折起来充当"水翼"。随着"海星"触底，稳定翼会产生足够的阻力来降速。

炮塔
炮塔只适合一名士兵,可旋转360度。

火力
炮塔装备着一挺50口径[1]的机枪及一个40毫米的枪榴弹发射器。

烟幕
两栖突击车(AAV)还可以从两个四管枪榴弹发射器发射烟幕弹。

备战
打开后舱口部署一队训练有素的海军陆战队员。

车身装甲
两栖突击车的焊接而成的铝制外层安装有护甲以抵御轻武器的火力。

快速通道
这个全地形履带可以在厚厚的沙地上以高达72千米/时的速度移动。

两栖突击车

最先登陆最先战斗

　　为美国海军陆战队所有的两栖突击车(AAV)是一种由船至岸上的运兵车,同时还是全副武装的战斗车辆。这种AAV的重量接近30吨,可以运送21名训练有素的海军陆战队员以及3名乘务人员。这种水陆两栖坦克从战舰海平面的井形甲板上起动,以18.5千米/时的速度在水中呼啸而过。它们由两个安装在后部的喷水器驱动。喷水器是混流双向泵,每分钟可以推动52 990升的水。除了喷水器,AAV还可以从其旋压轨道上获得推力。这种AAV在陆地与水中都可以用其装载的50口径的机枪射击,以及从40毫米的发射器上发射枪榴弹。它实现了从海洋到岸上的无缝对接,并携带足够的燃料,将4 535千克的货物向内陆行驶480千米的距离。

统计数据……

两栖突击车
乘员:3人
长度:7.9米
宽度:3.3米
高度:3.3米
重量:29.1吨
最大陆地速度:72千米/时
最大水上速度:13.1千米/时

---

[1] 50口径:指0.5英寸(12.7毫米)口径。

第四章 军用：
那些影响现代战争的机器

空中间谍

你现在看到的是顶级机密的军事技术

1954年5月1日，苏联的最新轰炸机——米亚西谢夫M-4，绰号为"铁锤"——翱翔于莫斯科红场上空。而在不久之前，一颗氢弹成功爆炸。美国看着其"二战"时的盟友变成了"冷战"的敌人。

由于试图进入苏联领空的侦察机被击落，要获得情报几乎是不可能的。洛克希德U-2将证实它彻底改变了游戏规则。这种飞机在51区（美国空军的一处秘密军事基地——译注）研发，该区后来发展成为顶级机密装备区。该机可以飞到敌方战斗机以及导弹无法抵达的高度，并对敌方的机场、工厂及造船厂拍摄详尽的航空照片。知识就是力量，这些图像向美国证实，还没有迫在眉睫的威胁，于是一场致命的军备竞赛，以及可能的核战争就此避免。

在其发展历史过程中，侦察机已成为最令人畏惧的飞机，尽管机上未搭载任何武器。由政府及军方部署，这些天空之眼可以被派去执行各种不同的任务，诸如边境巡逻、搜集敌后情报、监控战场以辅助战略决策等。

对工程师而言，迅速而隐秘地获得所需情报是其设计的关键目标。现代侦察机使用尖端的科技来做到这些。但是历史上的飞机也能完成一些惊人的壮举。其中一个例子就是SR-71"黑鸟"式侦察机。它制造于模拟技术的年代，于1964年首飞并执行侦察任务直至1990年退役。

SR-71的许多技术发明至今仍在使用

尽管它长达32米，翼展为17米，这个黑色的巨兽飞起来甚至比一颗步枪子弹都要快，其速度已达到3马赫——是声速的3倍，每小时飞行超过3 700千米的距离。它的形态独特，机身呈曲线形，边缘锐利，几乎没有可供雷达识别的表面，而且，它还利用当时的高端摄影器材能在3倍于珠穆朗玛峰的高度捕捉到地面图像。尽管一些飞机毁于事故中，但没有一架"黑鸟"被敌人俘获或者击落。

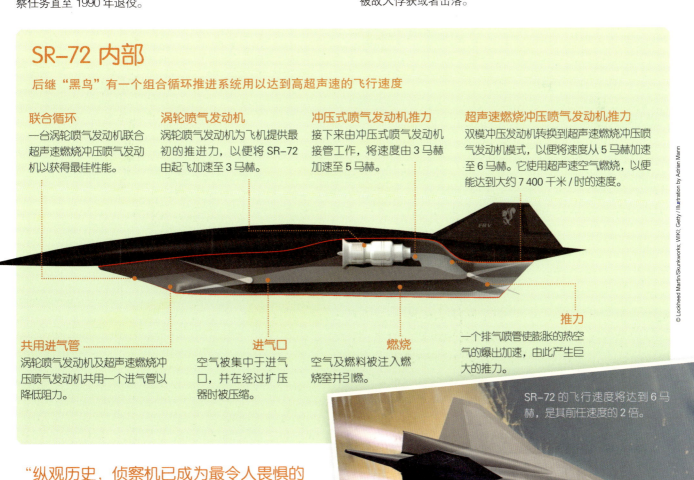

SR-72 内部
后继"黑鸟"有一个组合循环推进系统用以达到高超声速的飞行速度

联合循环
一台涡轮喷气发动机联合超声速燃烧冲压喷气发动机以获得最佳性能。

涡轮喷气发动机
涡轮喷气发动机为飞机提供最初的推进力，以便将SR-72由起飞加速至3马赫。

冲压式喷气发动机推力
接下来由冲压式喷气发动机接管工作，将速度由3马赫加速至5马赫。

超声速燃烧冲压喷气发动机推力
双模冲压发动机转换到超声速燃烧冲压喷气发动机模式，以便将速度从5马赫加速至6马赫。它使用超声速空气燃烧，以便能达到大约7 400千米/时的速度。

共用进气管
涡轮喷气发动机及超声速燃烧冲压喷气发动机共用一个进气管以降低阻力。

进气口
空气被集中于进气口，并在经过扩压器时被压缩。

燃烧
空气及燃料被注入燃烧室并引燃。

推力
一个排气喷管使膨胀的热空气的爆出加速，由此产生巨大的推力。

SR-72的飞行速度将达到6马赫，是其前任速度的2倍。

"纵观历史，侦察机已成为最令人畏惧的飞机，尽管机上并未搭载任何武器"

由于这种侦察机的元老已解甲归田，洛克希德·马丁的"臭鼬工厂"项目部正在研发一种速度更快的无人机来顶替，即SR-72（绰号为"黑鸟之子"）。其发动机将采用一个混合系统以达到超高声速，使飞机在一小时内穿越整个大陆。单是这个速度下产生的空气摩擦就足以熔化钢铁，因此，SR-72很可能用复合材料制造，类似于航天飞机及导弹使用的材料。它要能耐受超过1 000摄氏度的高温，并且要封闭严密以防致命的空气泄漏。

在如此之高的速度下所需的拍照技术也将是一个难以置信的壮举。飞机配件的确切组成还未确定，也许还没有发明出来。我们已经知道的是，它将不仅用于侦察。这种新型无人机将被武装到牙齿，能够从24千米的高度——在平流层的上端——投射炸弹攻击目标。

在侦察机技术中，空气动力学起到很大的作用。像SR-72这样的飞机，在设计时就需要考虑如何应对如此超高速飞行时经历的压力。"黑鸟之子"将需要取得极佳的平衡，以应对在亚声速、超声速、超高声速飞行中的各种变化，以确保飞机不会被变换的提升力中心撕开。

但是，"全球鹰"（由诺斯罗普·格鲁曼制造的无人驾驶飞行器）却一点不像你所想象的一架顶级侦察机的样子。飞机的前面外形有凸起，机尾却有些短而粗。但是这架惊人的无人侦察机却能够飞越全球，并能给美国空军地面基地的控制者传送实时的ISR（情报、控制、侦察）数据。

"波塞冬" P-8

这个出生于天庭的潜艇猎手扫描各个水域追寻水下的不速之客

基于经实践验证过的波音737-800商务班机的机身以及波音737-900的机翼，"波塞冬" P-8是一架高级的海事巡逻侦察机。P-8以针对各种不同任务开发的技术为主要特点，能在低空高速飞行，在海面上空巡航以查出可能威胁到航空母舰的潜艇。六个额外的机身燃料箱延伸了飞机搜寻潜艇的航程。一些"波塞冬" P-8型号的变体使用雷达、一种磁异常探测器，以及电子情报传感器来监视通信及红外线成像，以密切监控海运。它还可以部署可抛掉的声呐浮标充当作战中的卫星感应器。

但这架侦察机能做的远不止这些。导弹、水雷及鱼雷，使它在需要的时候随时可以瞄准发射。

武器舱
飞机的腹部有五个库舱装载着MK54鱼雷及水雷。

燃料补给
这个孔使飞机能够在空中加油，因而极大延伸了执行任务的范围，使它的航程超过一个燃料箱能支持的距离。

SR-71搭载2名机组成员，但它的继任者可能是无人驾驶机。

发动机
2台功率强大的节能发动机——CFM56-7B涡轮风扇发动机使飞机的最大速度达到907千米/时。

多模式雷达
雷达探测水面上的船只及飞行器，可以在各种天气情况下形成超高分辨率图像。

工作站
由于每一个站内的所有传感器都可以控制，高分辨率工作站可以与飞机的雷达进行无缝连接操作。

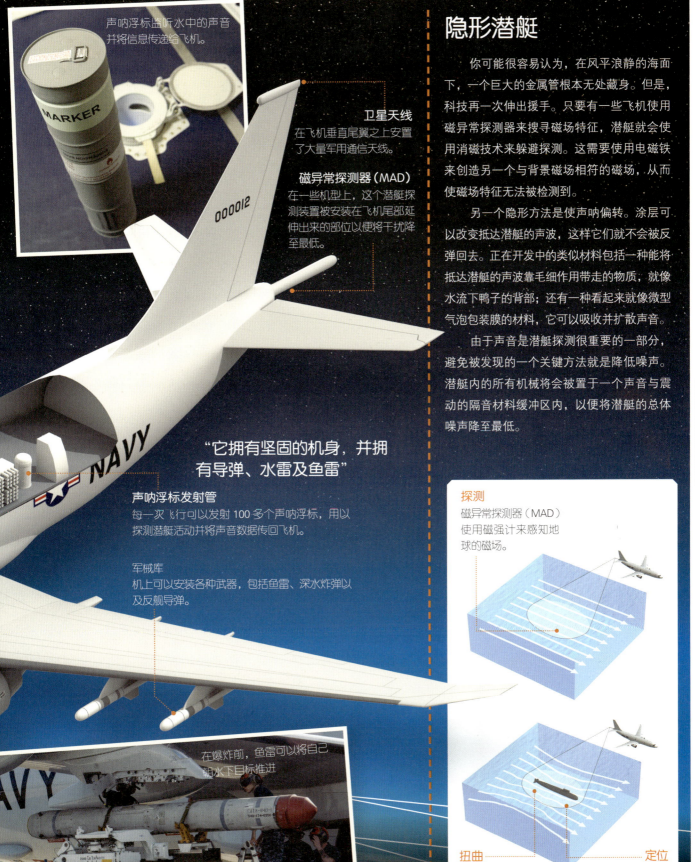

声呐浮标监听水中的声音并将信息传递给飞机。

卫星天线
在飞机垂直尾翼之上安置了大量军用通信天线。

磁异常探测器（MAD）
在一些机型上，这个潜艇探测装置被安装在飞机尾部延伸出来的部位以便将干扰降至最低。

> "它拥有坚固的机身，并拥有导弹、水雷及鱼雷"

声呐浮标发射管
每一次飞行可以发射100多个声呐浮标，用以探测潜艇活动并将声音数据传回飞机。

军械库
机上可以安装各种武器，包括鱼雷、深水炸弹以及反舰导弹。

在爆炸前，鱼雷可以将自己朝水下目标推进

隐形潜艇

你可能很容易认为，在风平浪静的海面下，一个巨大的金属管根本无处藏身。但是，科技再一次伸出援手。只要有一些飞机使用磁异常探测器来搜寻磁场特征，潜艇就会使用消磁技术来躲避探测。这需要使用电磁铁来创造另一个与背景磁场相符的磁场，从而使磁场特征无法被检测到。

另一个隐形方法是使声呐偏转。涂层可以改变抵达潜艇的声波，这样它们就不会被反弹回去。正在开发中的类似材料包括一种能将抵达潜艇的声波靠毛细作用带走的物质，就像水流下鸭子的背部；还有一种看起来就像微型气泡包装膜的材料，它可以吸收并扩散声音。

由于声音是潜艇探测很重要的一部分，避免被发现的一个关键方法就是降低噪声。潜艇内的所有机械将会被置于一个声音与震动的隔音材料缓冲区内，以便将潜艇的总体噪声降至最低。

探测

磁异常探测器（MAD）使用磁强计来感知地球的磁场。

扭曲
类似潜艇之类的大型的金属结构会造成磁场扭曲变形。

定位
MAD检测到磁场的变形，从而使潜艇暴露了自己的位置。

监控策略

侦察机用来发现并追踪来自天空的移动通信信号的方法

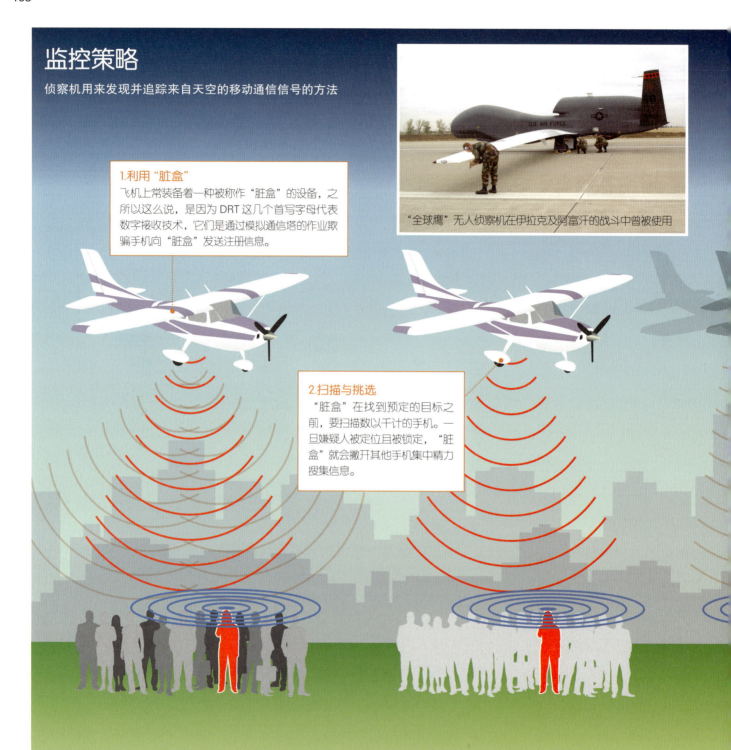

"全球鹰"无人侦察机在伊拉克及阿富汗的战斗中曾被使用

1.利用"脏盒"

飞机上常装备着一种被称作"脏盒"的设备，之所以这么说，是因为 DRT 这几个首写字母代表数字接收技术，它们是通过模拟通信塔的作业欺骗手机向"脏盒"发送注册信息。

2.扫描与挑选

"脏盒"在找到预定的目标之前，要扫描数以千计的手机。一旦嫌疑人被定位且被锁定，"脏盒"就会撇开其他手机集中精力搜集信息。

对于侦察机来说，无人机具有无数的优越性。首先，工程师无须制造一个保护人员生命安全的驾驶舱。

说起制造一个能远在天边操作的怪兽机器，还有一个额外的好处，就是它省钱、省时，而且还节省空间。用无人侦察机的另一个好处是它要比载人机执行任务的时间更长。许多无人机可以预先设定程序执行任务，即便它们与地面的基地失联也不会影响什么。

一架无人侦察机曾在空中侦察中引起连锁反应，这就是诺斯罗普·格鲁曼制造的 RQ-180。除了知道这架无人机的存在，以及这架隐形飞机被指定在一个防守严密的领空飞行，以便侦察武装到牙齿的敌对国家，对于这架无人机的情况知之甚少。据推测，要躲避雷达的探测，这架无人机也许是以怪异的"风筝"结构来设计，其中飞机的外形是"风筝"与"飞翼"结构的融合。矮胖而且有棱角的设计用来分散雷达波，这样它们就不会被反射回去，飞机就能神不知鬼不觉地飞行。

"脏盒"在找到预定的目标之前，
要扫描数以千计的手机"

3.进入阵地
飞机移动到最佳接收被监听手机信号的位置。它可以探测到信号的强弱，以及手机使用者的地理位置并获得机主的身份识别信息。

2.导向目标追踪
利用手机信号的信息，嫌疑人的位置可以精确到3米以内。"脏盒"甚至可以将一个人追踪至一幢大楼里的某一个房间。

不太可能的侦察机

塞斯纳是一家以制造轻型飞机而知名的公司，就是随便一个贪玩的飞行员想要下午带出去飞一圈的那种。可是在2015年，因特网上大量报道了FBI已经为这些毫无特色的民用机装备了些高科技的监听配件。

塞斯纳182"天巷"就是这其中的一种飞机，在飞机的重大升级背后有联邦调查局的力量在支持着。热成像及红外摄像机、夜视技术再加上手机拦截器只不过是其中的几个附件。这些性能帮助FBI追踪正在进行的针对特定个体的调查并协助执法。

这些毫不起眼的飞机也得到来自美国空军的高等级的易容术，他们已经准备了一些改装后的182"天巷"用于军事例行训练。该机具有所有所需的情报、监视及侦察传感器，以模拟其前任"捕食者"无人机。

单发动机塞斯纳182"天巷"经证实是一个用于不起眼的监视任务的极佳选择。

除了飞机的外形，还可以使用雷达波吸收材料以使飞机不那么易于发现。当追踪的雷达波抵达机身时，这些涂层可以使其偏转并将其朝别的方向发散出去，或者使偏转的雷达波抵消掉即将到来的雷达波，这就使飞机几乎无法被发现。

隐形、速度及坚固性都很好，但如果一架侦察机没有一个像样的有效负载，那么它就不能有效发挥其专长。

侦察机能够飞到极大的高度。

有无数种不同的小配件、小玩意儿可以附加、内置或者升级，以便能将一架普通的军用飞机变成一个数字传感接收中心。例如，雷达和声呐分别利用可以从物体反弹回来的无线电与声波来确定它们的方位。

侦察机常常搭载具有顶级变焦、数字影像串流及录音功能的高清成像设备，其他装载的负荷还有热成像器材及红外线传感器，外加大量的通信拦截器以便进行声监测；或者以其他各种方式窃听世界其他国家的人通话。数据经高速实时连接传输给分析员，他们要么在飞机上，要么在地面。因此，搜集到的情报就能得到有益的利用。

看来，由于自动化性能的种种益处，未来执行 ISR 任务的飞机必须有很高的速度、功率及高度。尽管还没有计划让诸如洛克希德的 U-2 "母夜叉"这样的忠心耿耿的老臣们退役，但是也有大量关于计划生产更快、更狡猾、功能更齐全的侦察机的传言。

这其中一个说法就是 TR-X——另外一个出自洛克希德位于加利福尼亚的"臭鼬工厂"项目部侦察机制造厂的产品。策划阶段才刚刚开始，但洛克希德已宣称这架侦察机将集今天空中飞行的所有好侦察机之大成，并于 2030 年前部署。你可以目不转睛地盯着天空看，但你可能不会看到它飞过来。

洛克希德 U-2 侦察机被认为是世界顶级侦察机之一

翼展
U-2 的翼展宽度达 31.4 米，极其适合它所在的高海拔飞行。

起落架
飞机前面与后面的轮子前后交错排列。当飞机一个翼尖刚擦到地面，飞机就停下来了。

舱压
为了防止减压病，在 2013 年，驾驶舱的压力由相当于 8 840 米（几乎是珠穆朗玛峰的高度）的高度调整到相当于 4 570 米的高度。

有效载荷
即便是在如此之高的海拔高度，飞机还是能搭载重量为 2 270 千克的传感器以及其他根据任务需要装载的设备。

洛克希德 U-2 的驾驶舱内充满各种高科技性能，旨在向飞行员报告情况并协助他

洛克希德 U-2

这架在"铁幕"周围窥探的飞机仍在变得更加强悍

这架被美国空军命名为"母夜叉"的 U-2 飞机是克拉伦斯·"凯利"·约翰逊工程师的心血之作,它从设计到试飞仅用了九个月。它苗条的身形与修长的翼展使它能在海拔 21 千米的高度飞行 4 800 千米。

新一代的 U-2 家族成员 U-2S,建造于 20 世纪 80 年代,预期它们将运行至 2050 年以后。这些飞机上装配着尖端的传感系统,使它们可以在任何天气情况下日日夜夜搜集数据。情报利用超快的数据连接实时分配用以分析。

今天,U-2S 的一些工作是为 NASA 而做的,它们装配着各种传感器以展开大气层试验。

传感器与显示器
光电/红外线传感器将数据输入驾驶舱,将信息清晰地呈现给驾驶员看。

高度爬升
U-2 能在 20 分钟内爬升至 15 240 米的高度,在起飞半小时内升至 19 812 米。

> "新一代的 U-2 家族成员 U-2S,建造于 20 世纪 80 年代,预期它们将运行至 2050 年以后"

安全车
U-2 着陆是一件很困难的事情,需要另一名飞行员从一辆安全车内利用无线通信发出指示来协助完成。

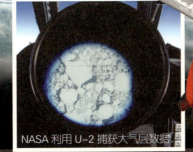

NASA 利用 U-2 捕获大气层数据

"海鹞"战斗机

在2006年退役之前,"海鹞"控制着亚声速喷气战斗机领域,它永久改变了攻击战斗机功能的动力学与操作

英国宇航公司的"海鹞"是一个定制的霍克·西德利公司制造的鹞式攻击战斗机的海军变体。该机以其垂直起降(VTOL)、短程起飞及垂直降落(STOVL)的性能而闻名。它采用了常规鹞式机的革命性的单发动机推力矢量技术(见"动力等级"的提示),再结合一个改装后的机身——以便能安装极佳的"蓝狐"雷达系统——一个气泡风格的华盖(变得更大一些以增大可见度),并极大改善了武器装卸。

这些因素再加上航空母舰能将飞机从其助飞滑道发射出去,使得"海鹞"能在海上展现其高水准性能,它的装载量更大,能更快探测到敌人并快速高效地击败他们。这在1982年的马岛战争中得到生动展现。当时,28架"海鹞"飞离航空母舰,在空对空作战中击落20架阿根廷飞机,而自己却一架都没有损失。"海鹞"中队能取得如此战绩,得益于在混战中飞机高度的机动性以及他们的战术策略——例如,在前进飞行时能通过改变推力喷嘴的方向来快速制动或者转向——还有更为优越的飞行员训练体系及预警/探测系统。

推力矢量
为了获得垂直起降性能,"海鹞"的发动机推力被输入四个矢量喷嘴,它们可以从几乎是竖直向下的方向旋转98.5度到水平位置。

保护
由于棘手的海上运行条件,"海鹞"的一些部件被替换为防腐蚀的合金或者涂上了保护性涂层。

波斯湾航空母舰上的一架二代"海鹞"

两架印度"海鹞"与一架美国海军的F/A-18F"超级大黄蜂"在空中并驾齐驱

机组乘员
一代的"海鹞"FRS1与二代的FA2都是单座的战斗机。然而T4N与T60变体却有两个座位,因为它们要用于陆基型飞行员的转换训练。

动力装置
"海鹞"上安装着罗尔斯·罗伊斯的飞马涡轮风扇发动机,一种能产生96千牛的发动机。它可以输出巨大的动力,虽然还不至于让飞机达到超声速那么高的速度,但确实能让它垂直升起,将输出能量分散到多个位于飞机各处的出口。

电子设备
根据不同时代的机型分别装备费兰蒂"蓝狐"或者"蓝雌狐"雷达,在当时,"海鹞"搭载着世界上最先进的雷达系统。据军事历史学家说,"蓝狐"雷达是"海鹞"为何能在马岛战争中有如此成功表现的一个关键原因。

一些"海鹞"上装备着AIM-120"先进"中程空对空导弹

武器
作为一架攻击战斗机,"海鹞"上装备着大量武器,诸如常规的非制导的普通炸弹——包括WE.177核弹——火箭,以及激光制导的导弹,例如AIM-9"响尾蛇"导弹。人所皆知,二代的FA2更是装配着致命的AIM-120"先进"中程空对空导弹。

统计数据……

"海鹞"FA2
- 机组人员:1人
- 长度:14.2米
- 翼展:7.6米
- 高度:3.71米
- 最大起飞重量:11 900千克
- 动力装置:1台罗尔斯·罗伊斯飞马涡轮风扇发动机(96千牛)
- 最大速度:183千米/时
- 作战半径:1 000千米
- 最大航程:3 600千米
- 最大飞行高度:16 000米
- 机炮:2门30毫米ADEN加农炮(每炮打100膛)
- 火箭:72SNEB 68毫米火箭
- 导弹:AIM-9"响尾蛇"导弹、AIM-120"先进"中程空对空导弹、R550"魔术"1型空对空导弹、"警告"反辐射导弹、"马特尔"导弹、"海鹰"反舰导弹
- 造价:1 800万美元

动力等级   赋予"海鹞"提升力

"海鹞"长期保持成功的真正原因以及值得展示的是它对飞马发动机的利用,该发动机革命性地结合了推力矢量喷嘴。这些喷嘴可以由飞行员沿着98.5度的弧度旋转,从常规飞机上标准的水平位置转到竖直向下,使飞机能够起飞并垂直降落以及盘旋向前,向后飘移。所有喷嘴都是由一系列的轴与链条传动装置来转动,这样可以确保它们行动一致。(这对维持飞机的稳定性至关重要)。转动的角度及推力则由驾驶舱内的飞行员控制。

这种控制的灵活性以及布置意味着"海鹞"在空中具有极高的机动性,几乎可以在任何地点起飞与着陆。

"海鹞"的处于水平位置的矢量喷嘴

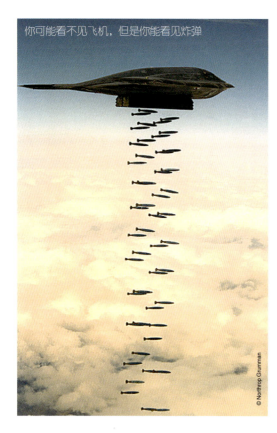

你可能看不见飞机,但是你能看见炸弹

复合材料
任何雷达回波都被其所用的复合材料消减,它还可以进一步使任何信号偏转方向。

机组舱
B-2 搭载 2 名机组人员,1 名飞行员,1 名任务指挥官。如果需要,还有空间再容纳 1 人。

遥控自动驾驶仪
B-2 的独特外形使它不平稳,它主要依靠计算机来稳定机身并保持飞行。

窗户
B-2 的舷窗内置有一个精良的金属网,是为分散雷达波而设计的。

进气口
为了进一步减少 B-2 的信号,发动机的进气口陷于机身内。

隐形 轰炸机

B-2在外形与设计上都是非凡的

形如"飞翼"的 B-2 是一架独一无二的飞机,专门为尽可能保持隐形而设计。它的外形意味着飞机上没有什么前缘可供雷达反射,从而减少了它的信号。制造飞机使用的复合材料及机身上的涂层又进一步加强了这一点。这些要素运用得非常成功,因此,尽管飞机的翼展达 52 米,B-2 的雷达信号却低得惊人,只有 0.1 平方米。

由于 B-2 的发动机被埋在机翼内部,这更进一步加强了飞机的隐形性能及空气动力学外形。这意味着位于发动机前端的感应扇被隐蔽起来,而同时发动机的尾气却降到最低。因此,B-2 的热信号保持在最低限度,这使得热感应器更难以探测到这架轰炸机,而且也降低了它的声音。

这个设计也意味着 B-2 的外形非常符合空气动力学原理,而且还节能。B-2 的最大航程为 6 000 海里,因此,它经常被派遣执行远程任务,甚至有时执行任务持续时间长达 30 小时,有一次竟然达到 50 小时。B-2 的自动化程度很高,它完全可以由一个人驾驶,而另一个可以睡觉或去洗手间,或者准备一顿热乎乎的美餐。这种航程与多功能的结合意味着该机已被用来研究睡眠周期,以改进机组人员在执行远程任务时的表现。

尽管如此,B-2 的成功与高昂的价格携手而来。每一架 B-2 要花费 7.37 亿美元,而且必须一直停放在温度湿度可控的飞机库里,以确保隐形材料完整且能正常使用。但撇开这些问题不说,"幽灵"确实是一架令人震撼的飞机,虽然你很可能一架都看不见,除非飞行员想让你看⋯⋯

不是你在《我是大侦探》书上能找到的那种轰炸机⋯⋯

鬼斧神工:"幽灵"内部

B-2 是复杂与优雅的独特结合,整个机身围绕着隐形的理念而建造,着眼于让飞机尽可能地难以探测。

统计数据……

B-2 "幽灵"
制造商:诺斯罗普·格鲁曼
部署年份:1993 年
大小:长 21 米,翼展 52 米,高 5 米
重量空载/最大:158 000 磅/336 500 磅
单位造价:737 000 000 美元
最大速度:972 千米/时
动力:通用电气 F118-GE-100 无后燃器涡扇发动机
最大升限:15 240 米
武器装备:两个内舱能装载 50 000 磅的弹药。
常见负荷:80×500 磅低阻力通用炸弹 Mk82,以堆栈式炸弹挂架携带;36×750 磅等级集束炸弹,以堆栈式炸弹挂架携带;16×2 000 磅等级武器(MK-84、JDAM-84、JDAM-102),以旋转投射挂架携带;16×B61 或者 B83 核武器,以旋转投射挂架携带

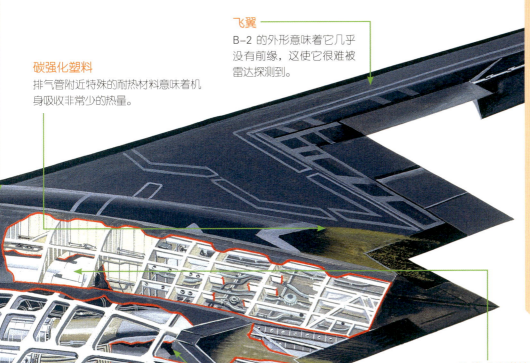

碳强化塑料
排气管附近特殊的耐热材料意味着机身吸收非常少的热量。

飞翼
B-2 的外形意味着它几乎没有前缘,这使它很难被雷达探测到。

堆栈式炸弹挂架
堆栈式炸弹挂架可携带 80 枚 500 磅重的炸弹。

发动机
B-2 的 4 台通用电气产的 F118s 无后燃装置,因为后燃产生的热量会使飞机易于探测。

旋转投射挂架(RLA)
RLA 可以使 B-2 快速交替部署不同武器。

起落架舱门
起落架舱门呈六边形以便进一步分解 B-2 的雷达剖面图。

如果塔台发现飞机正开过来,就说明着陆情况正常

B-2 的发动机被埋在机翼里面

米高扬 米格-29

俄罗斯的主要战机结合了大量先进技术，用以打造一架灵敏而致命的飞机

在20世纪80年代，由于它源于苏联而总被西方忽视，其实米高扬的米格-29是世界上使用最广泛的喷气战斗机之一，总计在全球各地有1 600多架米格-29仍在运行。而欧洲的"台风"战斗机却只占了一个很小的比例，目前仅有300多架"台风"在这个星球上运行，而且这个数字不太可能超过500。

那么，这种俄罗斯战斗机为何会如此成功？首先，它物超所值——仅仅不到2 900万美元，相比之下，"台风"则要花费1.046亿美元。

米格-29是第四代喷气战斗机，专为夺取制空权而设计，这涉及武力渗透及夺取敌国的领空。由于老一代的机型与现在的机型都在运行，米格-29有各种不同的变体，例如，米格-29K、米格-29M。它在服役的19年间参加过重要的战役，包括被部署于海湾战争。

飞机建于一个铝制的机架上，以先进的复合材料为支撑。机身是专为高达9*g*重力加速度下的操纵而设计的，这使得飞机的飞行速度异常的快，而且对于技术娴熟的飞行员来说易于驾驶——这也是它经常被派去参加航展的原因。

围在机架四周的是造型优雅的钛铝合金机身，它的尾部宽阔，向前逐渐收缩到驾驶舱及细长的鼻锥，驾驶舱犹如昂起的天鹅的脖颈。由机身上向外延伸出安装在机身中部的后掠翼，每个机翼都是以先进的根扩张技术安装的。米格-29由2台间隔较宽的克利莫夫RD-33后燃涡轮风扇发动机驱动，该发动机除了能提供高达2 400千米/时的最快速度外，还帮助降低有效机翼负载。这是因为它们间隔较宽，中间的区域会产生额外的提升力。发动机由内燃系统注入燃油，该系统将所有储存的燃油分别装在一些次级油箱里。

米格-29机身上也装载着大量武器。每一架米格-29上都安装有7个挂载点，可以携带大量导弹及炸弹。此外，还有外置油箱用于支持远程任务。

米格-29B剖析图

揭秘这架俄罗斯顶级战机的关键硬件

驾驶舱
米格-29B的驾驶舱有一个气泡状的天篷，舱内装备着常规的中央控制杆、左手位的油门控制、平视显示器。飞行员坐在Zvezda K-36DM弹射座椅上。

感应器
米格-29B常备有法斯特轮RLPK-29雷达火控系统，包括N019脉冲多普勒雷达与N II Ts100电脑。

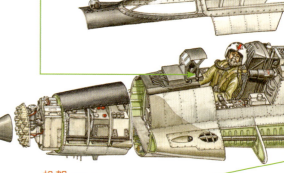

机架
米格-29B的机架主要用铝复合材料制造。机架被强化加固以适用于9*g*下的飞行，这使得它成为一架行动异常敏捷的战机。

武器装备
米格-29B安装有7个挂载点，每一个都可挂载一系列的武器弹药（例如R-73空对空导弹）。此外，它还装有一门Gsh-30-1 30毫米加农炮。

统计数据……

米高扬米格-29
- 机组人员：1人
- 长度：17.4米
- 翼展：11.4米
- 高度：4.7米
- 动力装置：2台克利莫夫RD-33后燃涡轮风扇发动机
- 最大速度：2 400千米/时
- 最大航程：1 430千米
- 最大飞行高度：18 013米
- 挂载点：7个
- 最大有效负载：3 500千克

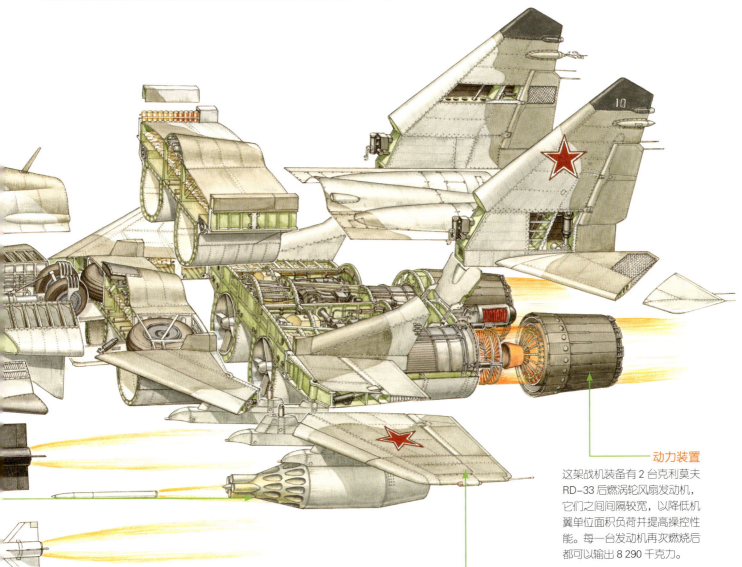

动力装置

这架战机装备有 2 台克利莫夫 RD-33 后燃涡轮风扇发动机，它们之间间隔较宽，以降低机翼单位面积负荷并提高操控性能。每一台发动机再次燃烧后都可以输出 8 290 千克力。

机翼

米格-29B 以安装于中央的后掠翼、自动前缘缝翼及后缘襟翼为主要特征，后掠翼有混合前缘，根扩展后倾 40 度。

F-14 "雄猫"式 战斗机

F-14"雄猫"式战斗机是有史以来最具标志性的喷气战斗机，它主导现代战争长达几十年之久，在一系列不同的空中任务中具有卓越的表现

由格鲁曼公司制造的F-14"雄猫"式战斗机专为保护美国海军航空母舰的远程行动免遭苏联飞机及导弹的攻击而设计。几十年来，它已在军事历史以及公众的意识之中根深蒂固。无数次备受瞩目的军事行动——包括越南战争、海湾战争及伊拉克战争——以及在20世纪80年代的经典电影《壮志凌云》中的广泛使用使它声名显赫。F-14已经成为王牌的先进技术与富有活力、勇猛精进的飞行性能的代名词。

这个名声源于它的新一代、多用途设计，它既可以用作海军远程拦截机，又可以充当具有空中优势的战斗机，因而，它能参与各种空中作战任务。这其中的关键就是F-14可变后掠翼的几何外形，一个可以根据飞行状况使机翼位置发生20～68度变化的扫掠系统。在高速飞行的时候，这对F-14是轻而易举的事情，机翼会向后倾斜；当以较低速度执行远程巡航任务时，机翼会充分伸展开来，使升阻比达到最大值，从而提高燃油效率。

在飞行中，飞机动力由2台普·惠TF30涡轮风扇喷气发动机提供，每一台喷气发动机在经过加力后能输出12 610千克的推力。这使F-14的最大飞行速度达到2 484千米/时，在1秒内能急速爬升229米，其总体推力重量比为0.91。然而，由于F-14的设计简要概括为多功能飞机，TF30不仅能提供巨大的推力，而且还被设计为在低速巡航时采用节能模式，以实现最大化的燃油经济性。

"雄猫"还因采用了诸多先进的电子设施以辅助飞行与导航而闻名，正如在其中央航空数据计算机（CADC）及休斯公司的AWG-9 X-band的数字雷达中所显示的。前者使用MOS超大规模集成电路芯片集，即MP 944——最早的微处理器设计之一——并且能够自动控制主飞行系统、后掠翼及襟翼；后者则提供新一代搜寻与追踪模式，可以监视并锁定几百英里之外的目标。

一旦发现敌方目标，F-14不仅能将其一举拿下，而且更适于应对空战的方方面面。机上搭载的导弹包括令人闻风丧胆的AIM-54"不死鸟"导弹，一种远程空对空导弹系统，还有AIM-9"响尾蛇"导弹及AIM-7"麻雀"导弹系统，用来对付短程及中程目标。空对地的武器选择也不少（在服役后期，F-14还被用作轰炸机），包括JDMA精确制导武器、Paveway系列激光制导炸弹、能安装在机上10个挂载点上的MK80及MK20系列非制导、低阻炸弹。最后，F-14还装备有凶猛的M61"火神"式机炮，一个能每分钟发射6 000多发20毫米口径炮弹的装置。

统计数据……

F-14"雄猫"式战斗机
机组乘员：2
长度：19.1米
翼展：19.55米
高度：4.88米
动力装置：2台通用电气F110-GE-400后燃涡轮风扇发动机[①]
最大推力：61 430牛
最大速度：2.34马赫（2 484千米/时）
作战半径：925千米
最大飞行高度：15 200米
武器装备：1门20毫米M61"火神"式机炮
挂载点：10个（6个在机身下，2个在发动机舱下，2个在翼套上）
导弹：AIM-54"不死鸟"导弹、AIM-7"麻雀"导弹、AIM-9"响尾蛇"导弹
炸弹：JDMA、Paveway、MK80、MK20石眼集束炸弹Ⅱ
造价：3 800万美元

翅膀可以全面延长长途飞行任务

航空电子设备
在机头，休斯公司的AWG-9 X波段的雷达使F-14能够从193千米以外的地方同时追踪24个目标。通过使用多目标追踪程序，目标可以在最远144千米被锁定。

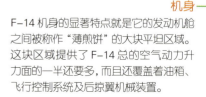

机身
F-14机身的显著特点就是它的发动机舱之间被称作"薄煎饼"的大块平坦区域。这块区域提供了F-14总的空气动力升力面的一半还要多，而且还覆盖着油箱、飞行控制系统及后掠翼机械装置。

[①] 从1986年起采用该发动机。

"嗯,伙计们,我正试着从这儿起飞。"

一名工程师正在检修 F-14 的一个 TF30 涡轮风扇发动机

动力装置
由位于机翼下方的两个矩形进气口输入空气,F-14 由 2 台普·惠公司生产的 TF30 涡轮风扇发动机提供动力。发动机在巡航时为节能模式,以使其能执行设计中的远程任务及作战行动。

着陆装置
为适应航空母舰上严苛的起降环境,着陆装置必须打造得坚固耐用。

机翼
F-14 以能后掠 20～68 度角的机翼为特点,这使得飞机在飞行时能一直根据其飞行速度保持最佳的升阻比。摆动可以自动或者手动控制完成。

武器装备
F-14 的标准设计包括 1 枚远程空对空 AIM-54 "不死鸟" 导弹、2 枚短程空对空 AIM-9 "响尾蛇" 导弹、2 枚空对空 AIM-7 "麻雀" 导弹、M61 "火神"式机炮——一个能每分钟发射 6 000 多发炮弹的装置。

蒙皮
机翼具有双梁式结构,其中的框、轴及上下蒙皮用钛制造。

一架 F-14 正在进行垂直爬升

疯狂的 M61 "火神"式机炮

一架 F-14 在海湾战争中飞越伊拉克上空

AH-64D阿帕奇"长弓"

作为经过战火考验的阿帕奇武装直升机的翻版，AH-64D阿帕奇"长弓"的性能动力，就是为战场带来大规模的杀伤与变数

作为新一代多功能武装直升机出现的AH-64D阿帕奇"长弓"正在改变今日战争的面貌。最近在伊拉克与阿富汗的军事行动中，它还被世界各地的武装力量使用，其军事性能得到高度认可，并且它精良的装备及可靠的性能在13年的服役生涯中也得到证实。

AH-64D阿帕奇"长弓"是波音公司制造的阿帕奇武装直升机系列的最新翻版。与早期机型不同的是，现在的AH-64D阿帕奇"长弓"在四叶复合主旋翼上安装了一部火控雷达。这使它能实现远程武器的精确打击、对被遮盖目标的探测（包括移动的与静止的）、在不到一分钟内对多达128个目标进行分类及威胁优先化排序、更大的态势感知、对战场的实时管理、对目标位置的数字传输。

与这些先进技术结合的武器将使全副武装的目标再三思索他们的策略。领衔破坏力名单的是阿帕奇"地狱之火"导弹，它是专门的激光制导反装甲导弹，可以快速干掉坦克、碉堡、大炮。

AH-64D阿帕奇"长弓"还装配有一对70毫米的火箭，它们可以接连发射，当用来打击多个目标时可以产生骇人的威力并具有巨大的灵活性。最后，安装在下面的是AH-64D的30毫米的M230机炮，装有1 200发30毫米的高燃弹药，由驾驶员通过头盔远程控制——这可以使他在追踪锁定目标时无须用手——M230机炮可以造成惊人的破坏，是清除地面敌军士兵的理想武器。

自从2008年以来，AH-64D也进行了一些升级，包括数字化升级、增加联合战术无线电系统、增强型发动机与驱动系统、控制UAV（无人驾驶机）的能力，并改进了起落架。目前，AH-64D阿帕奇"长弓"在美国、埃及、希腊、以色列、日本、科威特、荷兰、新加坡及阿拉伯联合酋长国中使用，还有许多其他国家在使用更早一些的机型。

5.驾驶舱
可容纳2人的阿帕奇驾驶舱具有较宽的视角，因而在战场上具有出色的可见度。此外，它还安装有尖端的通信、武器及导航系统。

6.复合转子叶片
AH-64D上还安装有复合四叶主转子，因而使它比早期机型具有更大的有效负荷、爬升速度及巡航速度。

8. 雷达天线罩
里面的系统为AH-64D阿帕奇"长弓"提供了周围环境及敌军的作战信息，诸如目标方位、海拔、航程、速度等。这使它能快速并高效地计算出一个发射方案，以最有效地打击目标。

2. 30毫米自动火炮
这门30毫米的自动火炮可以发射大量高燃弹（阿帕奇装载1 200枚），是多功能机炮，能够轻易摧毁人与机器。

"给我的小朋友问声好。"

1.T700-GE-701C发动机
由通用电气生产的T700的涡轮轴发动机可使AH-64D阿帕奇"长弓"具有很大的垂直爬升速度（663米/分）及284千米/时的最大巡航速度。

7.机身
基于轻型、易于操纵以及隐形而设计的机身具有鲜明的风格，机身上涂着与其飞行环境相匹配的伪装色。

> **统计数据……**
>
> **AH-64D阿帕奇"长弓"**
> 长度：17.73米
> 高度：4.64米
> 发动机：2台T700-GE-701C涡轮轴发动机
> 最大速度：284千米/时
> 造价：1 540万美元
> 生产的数量：1 174架（2010.2）
> 武器装备："地狱之火"导弹、70毫米火箭、30毫米M230机炮

一架AH-64D清晨时在喷射火焰，翱翔天空

一个现代战争的交通工具

3.激光制导的"地狱之火"导弹
这些激光制导的多平台、多目标、模块化的导弹极其善于摧毁敌军装甲及军事构筑。

4.70毫米 爆裂型火箭
快速发射70毫米口径的火箭使阿帕奇能在任何进攻中摧毁敌军士兵、要塞及军用交通工具，从而支援地面部队。

西科尔斯基MH-60 "黑鹰"

专为敌对环境下的特殊行动而设计，这是一种新型战争机器，专为新型战场而打造

从1993年索马里的摩加迪沙战役中混乱的天空，到2011年斩杀本·拉登的秘密行动，"黑鹰"直升机已经成为可为现代军事组织使用的最致命、最有效的工具之一。在20世纪六七十年代经历越战之后，美国军方知道了拥有强悍的多功能直升机有多么重要。这些飞机不仅在运输作战人员往返战场上大有用处，还能继续留在前线提供直接的支援。然而，现存的休伊直升机已经落伍。

两家美国公司，波音与西科尔斯基，激烈竞争武装直升机的设计，最终后者凭借它的S-70原型机赢得了合同。自从该机型于1974年首飞，大量的变体已投入生产，每一个在战区都有自己独特的作用。例如，据传，机密的MH-X型飞机在斩杀基地组织首领的任务中装备着隐形技术，使它几乎无法被雷达探测。

此处见到的MH-60变体是由标准的UH-60"黑鹰"发展而来，专用于特殊行动中。由于添加了更加高效的油箱，而且安装了空中加油系统，改进了飞机的总体生存能力，极大提高了飞机的有效航程。正是在一次名为"黑鹰坠落"的特殊行动中，这些性能才得到了最终检验。

"黑鹰"的内部

MH-60军用机器背后的强大科技

机枪
2挺电动M134急射小机枪可以安装于机上，2挺每分钟可发射1 200发子弹。

任选附件
"黑鹰"还可以装配"地狱之火"反坦克导弹、火箭弹以及额外的油箱用以支持远程任务。

"黑鹰"可以携带大量武器，而且在敌对环境里可以掩护门炮手，为其提供保护

> "'黑鹰'直升机已经成为可为现代军事组织使用的最致命、最有效的工具之一"

摩加迪沙战役

1993年10月3日，一些美国突击队员飞到索马里首都摩加迪沙抓捕被通缉的恐怖分子头目。他们在一队直升机的护卫下向目标基地发起突袭，MH-60直升机盘旋于上空为他们提供支援。然而，其中的2架遭到攻击后，紧急降落于下方迷宫一般的大街小巷中。原本以为会一帆风顺的行动结果却变得混乱不堪。士兵们冲过大街赶往被击落的直升机及受伤的机组人员身边，接下来发生的战斗就是"黑鹰坠落"。由于改编于1999年同名书籍的影片于2001年获得奥斯卡大奖，现在该战役已广为人知。

一架"黑鹰"在摩加迪沙战役之前一年的"重建希望"行动中飞越摩加迪休上空

双发动机
2台通用电气发动机联合输出3 988马力的功率，使飞机的最大速度达到280千米/时。

夜视（红外线）技术使飞行员在一片漆黑中也能安全执行特殊任务

安全性能
油箱、起落架及机身骨架都经过强化，以便在直升机坠毁的情况下能保护机组人员的安全，甚至连驾驶员座椅都设计为可以吸收或者抵消任何严重的撞击。

雷达
除了具有GPS性能，MH-60还安装有多模式雷达，可以追踪下方的地域，甚至在天气恶劣的情况下也可以使用。

乘员
该机后部可以搭载多达18名人员，飞行航程超过2 200千米。

夜视
一部前视型红外线摄影机箱可以捕捉到周围环境并将其传递给驾驶员，以帮助飞机在黑暗中安全飞行。

坦克
100年的战火历程

装甲战役的发展：从第一次世界大战到现代机械化奇迹

古代希腊的重装备步兵将其盾牌结合起来一致向前行进。汉尼拔的迦太基人骑着战象作战。富有想象力的列奥纳多·达·芬奇于1487年创作了一幅装甲战车的图像。然而,坦克——一种可以主导战场的装甲单元——概念存在的历史几乎和人类发动战争的历史一样长。100年前,这一理念变得切实可行并发展成为一个毁灭性的性能。

自从"一战"中使用的那个破烂的浴缸以来,坦克的存在主要是为了在战斗中提供一种作战优势。它的功能在不断变化,包括给敌军重击的武力威慑以突破敌军防线、迅速利用突破口、破坏敌军其他车辆与防御工事,以及作为一门移动火炮提供己方侦察与火力支持。

要圆满完成赋予的任务,在设计上坦克必须具有三个关键要素:火力、移动性及防护。集中的火力能在敌军防线上打开一个缺口,而同时能高速应对任何地形穿越敌方的壕沟;重甲保护护车内的人员安全,使他们能发挥其精湛的专业技能、效率及勇气,不计个人安危迎着危险而上。

当坦克第一次参加战斗的时候,人们对它寄予很高的期望,希望可怕的阵地战僵局能因此打破。而随着坦克作为一个军备系统逐渐成熟,它成为一个具有主导作用与决定意义的武器。今天,坦克既被视为潜在的战争赢家,又被认为已经过了其发展的鼎盛时期。无论如何,科技进步及它对战争的影响从来都是惊人的。

毫无疑问,仅仅是坦克的继续存在就足以影响任何想要发动战争的决定,以及任何抵御地面进攻的有效防御。因此,坦克依旧是现代军事策略的主要影响者,并且在可以预见的将来,它依旧如此。

穿越时光的坦克

经过几十年的战争,科技已经将坦克塑造成威力惊人的武器

马克V型坦克("雄性")
原产国:英国
最初生产时间:1917年
是否仍在服役:否

夏尔 B1 bis 重型坦克
原产国:法国
最初生产时间:1937年
是否仍在服役:否

"百夫长"坦克
原产国:英国
最初生产时间:1945年
是否仍在服役:否

M60坦克
原产国:美国
最初生产时间:1959年
是否仍在服役:是

PT-76坦克
原产国:苏联
最初生产时间:1950年
是否仍在服役:是

T-54坦克
原产国:苏联
最初生产时间:1948年
是否仍在服役:是

PT-72坦克
原产国:苏联
最初生产时间:1972年
是否仍在服役:是

"美洲豹"2坦克
原产国:德国
最初生产时间:1979年
是否仍在服役:是

M1A1艾布拉姆斯坦克
原产国:美国
最初生产时间:1979年
是否仍在服役:是

"挑战者"2坦克
原产国:英国
最初生产时间:1993年
是否仍在服役:是

阿琼主战坦克
原产国:印度
最初生产时间:2004年
是否仍在服役:是

K2"黑豹"坦克
原产国:韩国
最初生产时间:2013年
是否仍在服役:是

T-90坦克
原产国:俄罗斯
最初生产时间:1993年
是否仍在服役:是

"挑战者"2装配着一个高精火控系统

T-72坦克已被出口到30多个国家

坦克的过去与今天

现代战场的需要如何影响设计

第一次世界大战之前的研究与发展对坦克的设计产生了一些具有实用性的好处。已经用于重型拖拉机的履带轮底,被证实要优于车轮;功重比对于机动性与性能的重要性已得到认可。关于坦克的各方面的试验促成了基本内部动力装置的引入。一块块的钢板被铆接在一起以在一台牵引机上或者汽车底盘上打造一个装甲厢。不清晰的观察孔及一系列舵柄代表能见度以及转向器已初具雏形。原本是用于步兵团与炮兵团的机枪及加农炮也得到改装。

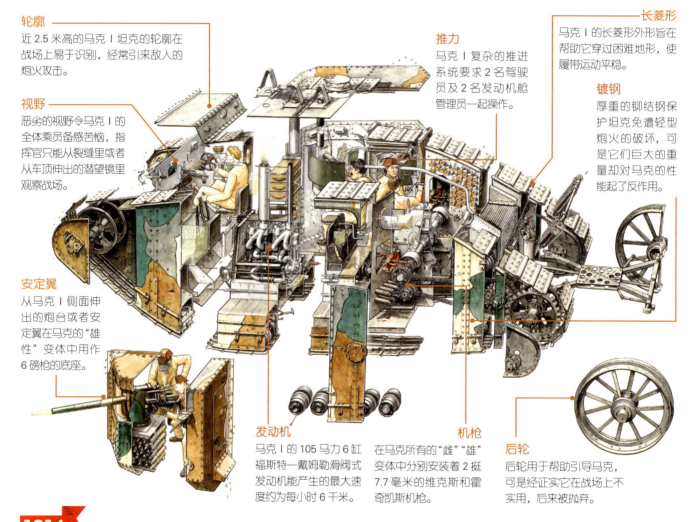

轮廓
近2.5米高的马克 I 坦克的轮廓在战场上易于识别,经常引来敌人的炮火攻击。

视野
恶劣的视野令马克 I 的全体乘员备感苦恼,指挥官只能从裂缝里或者从车顶伸出的潜望镜里观察战场。

安定翼
从马克 I 侧面伸出的炮台或者安定翼在马克的"雄性"变体中用作6磅枪的底座。

推力
马克 I 复杂的推进系统要求2名驾驶员及2名发动机舱管理员一起操作。

长菱形
马克 I 的长菱形外形旨在帮助它穿过困难地形,使履带运动平稳。

镀钢
厚重的铆结钢保护坦克免遭轻型炮火的破坏,可是它们巨大的重量却对马克的性能起了反作用。

发动机
马克 I 的105马力6缸福斯特—戴姆勒滑阀式发动机能产生的最大速度约为每小时6千米。

机枪
在马克所有的"雌""雄"变体中分别安装着2挺7.7毫米的维克斯和霍奇凯斯机枪。

后轮
后轮用于帮助引导马克,可是经证实它在战场上不实用,后来被抛弃。

1916

马克 I

第一辆坦克结束了阵地战僵局

"一战"期间打破恼人的阵地战僵局的希望加速了世界第一辆有作战功能的坦克——英国的马克 I ——的发展。大型陆地巡洋舰发展委员会于1915年由当时的海军大臣温斯顿·丘吉尔创建,致力于生产一种用于作战的装甲车。马克 I 是早期原型"小威利和母亲"的生产模型。

马克 I 仅重28吨多,由1台6缸福斯特—戴姆勒发动机驱动,有"雌""雄"两个变体。"雄性"坦克安装有2挺霍奇凯斯6磅机枪,"雌性"坦克安装着2挺维克斯机枪,二者都可以再安装3挺轻型机枪。8个人共用一个隔间。

英国部队于1916年第一次就订购了100辆坦克,这些坦克在1916年索姆河战役中首次参战。尽管当时有好几辆坦克发生故障或者被困,但现代战争的新时代就此揭开序幕。

一个36辆坦克组成的编队在1916年的弗莱尔—库尔瑟莱特战役中发起进攻

尽管它们令与其遭遇的步兵心惊胆寒，最早的坦克却是设计精妙但笨重迟缓的大块头，而且易于发生机械故障。发动机的功率不足以驱动沉重的车辆向前移动。紧张工作的发动机排出大量废气，有时甚至令工作人员恶心到无法作战。

第二代装甲车反映了"一战"的经验，在两次大战期间的无数发明被运用于"二战"之中。定制坦克的底座得到改良，柴油与汽油发动机变得更加强大，甚至有一些还是借用航空工业的。坦克开始应用配有旋转炮塔的机枪与加农炮，而且装甲防护也得到改进。同时，可靠的无线通信取代了手势信号与定向旗，使坦克之间的通信得到极大加强。

20世纪下半叶及以后，不断发展的技术已经将坦克变成了现代机械化战争的奇迹。全球定位系统（GPS）促进了各个单元之间前所未有的协调，同时先进的红外线目标获取技术与稳定设备的使用使坦克能同时追踪多个目标，并且在运动中也能精确发射武器。它们先进的涡轮机外加复合装甲——比钢铁更轻，且坚固了许多倍——提供了史无前例的速度与安全，这些都是它们的亮点。

对马克 I 坦克里面的 8 名工作人员而言，车内的环境炎热、嘈杂，而且危险

一队美国坦克乘员在德国科堡等待命令乘坐一辆轻型坦克

装备有喷火器的 M4 谢尔曼坦克于 1945 年被美国部署于硫磺岛战役中

世界第一辆坦克被设计用于突破敌军阵地上安装的铁丝网

现今

"挑战者"2

英国军队的主战坦克

"挑战者"2被许多军事分析家认为是当今世界最好的主战坦克,发展于1986—1991年。尽管与其前任"挑战者"1共用同一个名字,可是它们之间只有不到5%的部件是能兼容的。

被设计为具有战场主导优势的作战坦克,"挑战者"2仅重不到70吨,是"二战"后英国的第一款坦克,其设计、研发与生产完全由一个主要的国防承包商BEA系统公司下的陆地系统部来完成。"挑战者"2上的主要武器包括120毫米的L30 CHARM膛线火炮("挑战者"主要武器装备),炮塔及火炮由固态电子器件控制。

坦克上还装备着一些轻型武器,诸如,同轴L94A1 7.62毫米机枪、7.62毫米L37A2指挥官用机枪。在二代乔巴姆复合材料装甲保护下,"挑战者"2已经积累了令人瞩目的作战记录,这主要是在名为"伊拉克自由行动"的作战中创下的。

获取目标
"挑战者"2上的指挥官及炮手使用陀螺稳定的、360度全景式瞄准器及热成像与激光测距来获取目标。

英国的"挑战者"2于1993—2002年生产,总计生产大约450辆

驾驶员位置
"挑战者"2的4名成员之一——驾驶员坐在前方,利用潜望镜与夜视仪来驾驶坦克。

主要的武器装备
"挑战者"2的主要武器是120毫米的L30膛线火炮,配有隔热套管以防止翘曲。

日本90型坦克能输出1 500马力的功率,相当于布加迪赤龙(Bugatti Chiron)——世界上最快跑车的功率

减震装置
液-气可变刚度弹簧悬架为"挑战者"2的越野及公路行驶提供稳定性。

履带
"挑战者"2的履带张力可以在驾驶室做液压调整,以便坦克在各种不同地形都有出色的机动性。

> "技术已经将坦克变成了一个现代战争的奇迹"

二级武器装备
装填手舱门外安装着一对 7.62 毫米机枪用以近距离保护"挑战者"2。

炮塔
气动设计的"挑战者"2 的炮塔里装置有先进的视觉、目标获取及防卫系统，还有指挥官及炮手的座位。

M1 艾布拉姆斯主战坦克已历经"冷战"、伊拉克及阿富汗战争。据估计，它将一直服役至 2050 年

发动机
"挑战者"2 的 1 200 马力 12 气缸铂金斯－康达 CV12 柴油机可以为其提供 60 千米/时的速度。

在 2007 年，加拿大从德国借了 20 辆"美洲豹"C2 坦克用以援助他们在阿富汗的部队

虽然有高科技防护装置，现代坦克依旧会毁于敌人的炮火

层状护甲
"挑战者"2 改良后的复合护甲的一些特性依然保密。

"挑战者"2 于 1998 年加入英国军队开始服役

现代战场

从防守到进攻，发现坦克在战争中的诸多功能

自从首次部署，坦克一直具有多种作战功能。世界上最重要的军事组织开始评估坦克的潜力，他们要么欣然接受认可其未来，要么对此有所保留，但是一些军队却为装甲车开发自己特别的功能。

于是一种劳动分工出现了。坦克要么被建成携带重型武器的重装甲车以获得足够威力，要么为了速度与操纵灵活而瘦身。甚至在其发展的初始阶段，英国坦克部队便将更笨重的马克Ⅳ与马克Ⅴ坦克与一种更快速、更易于操纵的惠比特小型坦克一起派上了"一战"的战场。重型坦克旨在撕开德军阵地，为小型坦克创造一个突破口冲入敌军区域。

就在重型坦克挥重拳出击之时，轻型坦克则充当现代的装甲骑兵，这个战术一直沿用到"二战"。这时，更先进的轻型、中型及重型坦克分别承担起前辈的职责。坦克对坦克的战斗变得更平常。越来越多的作战功能变化导致了各种装甲车辆的出现，其中一些专为摧毁敌军的坦克而设计。

在"冷战"期间以及进入21世纪以来，对造价的考虑及改良的技术刺激了主要作战坦克理念的出现。凭借高效的发动机输出相当大的功率，轻型的复合材料使坦克行驶速度更快，以前存在的性能上的差距逐渐缩小。现代作战坦克集早期的设计于一个全面的、具有杀伤力的机器中。

德国军队的豹–2A6主战坦克疾驶过平坦地带

相互支持 在开阔的乡村，坦克以梯形、楔形、V字形、方阵或者其他队形编队前进，前后左右彼此照应。

车内气候控制 专门的设计与设备使现代坦克能在诸如冰冻的北极、中东的沙漠这种最严苛的气候下行驶。

先锋 主战坦克有时会充分利用其速度、火力及装甲防护来充当进攻部队的先锋。

战场出租车 轻型坦克及装甲步兵车辆运输步兵班及伤员往返于前线。

侦察点 轻型坦克经常为装甲编队及步兵编队执行侦察任务，为其确定敌人的位置。

扫雷 坦克的专业化变体用于执行一些关键的安全任务，例如，通过使用某种附件来清除地雷。

"巨蟒"雷区爆破扫雷系统 一支火箭拖着装满炸药的软管被发射到坦克前方，随着它着陆炸药将爆炸，以此清除沿途90%以上的地雷。

德国的虎式坦克可以在2千米以外的地方摧毁敌军的车辆

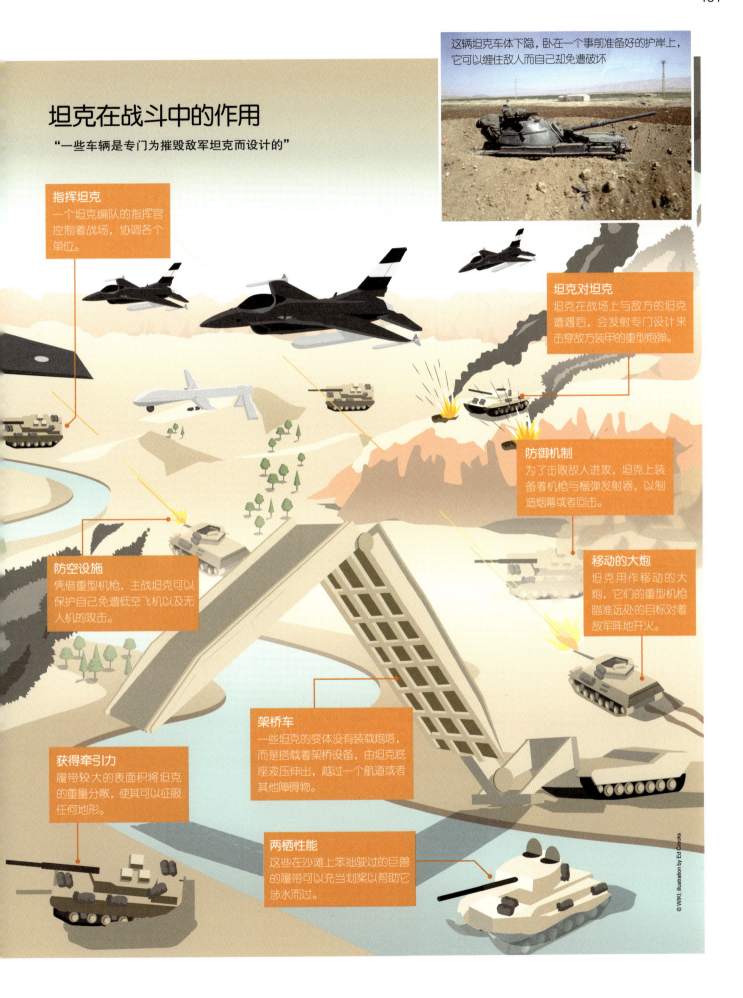

隐形战舰

我们揭开盖子看一看将潜伏技术带到全新水准的最新隐形战舰

涉及军舰，隐形取决于五个核心原则：材料、涂层、几何结构、噪声及战术。最后一个要素依赖情境，但前四个物理特性可以凭借先进技术加以修改以增强隐形效果。

材料是基于类似玻璃纤维这样的复合材料，而不是硬金属及吸收负折射材料（NIMs）。这些新发展的人工材料是针对特定雷达频率的隐形而设计。一些船只还被建有消磁带圈——一个缠绕在舰身的超导陶瓷线缆。

以吸收雷达波的涂层，诸如铁球漆———种微小的羰基铁球或者铁酸盐球——覆盖舰体也能降低雷达目标有效截面。涂层被称作雷达波吸收材料（RAMs），它们可将雷达波变成热能，以此来达到隐形效果。这是因为羰基铁球涂层有一个交变磁场，磁场被雷达波击中就开始在分子水平振荡锁住进入的信号，并将其能量作为热量消散。

战舰的几何结构对保持隐形也至关重要。就雷达而言，复杂的结构相比简单的结构产生的返回图像更清晰，更易于识别。鉴于此，现代战舰及潜水器在设计时就会规避这一特点，经常在桅杆及传感器上安装一个保护性的圆顶，被称作雷达天线罩。同样，现在的舰只有着极其清爽、有棱有角的舰身以及翻光面的机库，舰上没有几扇门。

对于战舰来说，噪声产生于舰艇尾流、发热及在运行的机器。在流体动力学中，尾流是舰只下方被扰乱的水流区域。该区域可以被旁侧扫描合成孔径（SARs）雷达探测到，据此可以分析出舰只的位置、方向及声呐安装。为了对付这一点，最新的隐形战舰通常装备着装有专门的散热系统的小功率柴油机以降低它们的热信号。同时，舰体下面的主动声音伪装系统不断产生一连串的水泡，可以有效阻止声呐图像。

在此，我们将考察四艘尖端的隐形军舰，它们均是以隐形为首要目的而设计的，其中有彻头彻尾的驱逐舰，以及如幻影一般灵活的潜艇。

雷达
利用大型陆地雷达系统之间，以及它们与当地其他车辆及设施之间的数据传输，军舰的位置就可确定。但随着隐形技术的发展，雷达探测敌人的难度比以前大得多。

统计数据……

USS "圣安东尼奥"号
类型：两栖船坞运输舰
功能：部队与车辆运输、多任务滨海作战
排水量：24 900 吨
长度：209 米
船宽：32 米
吃水深度：7 米
推进装置：4 台柴油机
功率：31 200 千瓦
最大速度：41 千米/时

军用喷气机
一些喷气机上装备有专门为探测军舰而设计的雷达系统，但是，这些系统可用雷达干扰器、隐形涂层及雷达天线罩屏蔽。

统计数据……
USS "朱姆沃尔特" 号
类型：驱逐舰
功能：多任务陆地、海上进攻
排水量：14 564 吨
长度：182.9 米
船宽：24.6 米
吃水深度：8.4 米
推进装置：2 台罗尔斯·罗伊斯燃气涡轮机
功率：78 000 千瓦
最大速度：56 千米/时

卫星

老一代潜艇
老潜艇不擅于隐形，纯粹依靠潜伏于水底保持隐蔽。

渔船
由于未使用隐形技术以及相对复杂的形态，这艘常规小渔船会产生高度可见的雷达有效截面。

统计数据……
弗吉尼亚级潜艇
类型：快速攻击潜艇
功能：多任务反潜战
排水量：7 900 吨
长度：115 米
船宽：10 米
推进装置：1 个 S9G 核反应堆
功率：29 828 千瓦
最大速度：46 千米/时

统计数据……

26型全球战斗舰
类型：护卫舰
功能：海上保安、打击海盗、部队运输
排水量：5 400 吨
长度：148 米
船宽：19 米
推进装置：燃气涡轮、柴油发动机
功率：未知
最大速度：51 千米/时

渗透者
26型全球战斗舰

能够发射巡航导弹,将武装直升机、无人驾驶的反潜无人机及一个营的英国皇家海军陆战队运送到海岸上的战区,这种正由BAE系统公司建造的26型全球战斗舰被设定为将为一些前所未有的海上行动提供一个平台。

尽管它重达5 400吨,长度达148米之巨(这是曼联足球场大小的1.5倍),在雷达系统上,26型战舰看起来不过是一条小渔船那么大。这意味着,当它在2021年开始执行任务时,将纵横全球并渗透到最危险的地区而不被察觉。渔船大小的雷达有效截面来自圆滑的、型面高度较低的舰身,角度特殊的甲板分段,多点安装的雷达天线罩,反雷达/声呐阻尼设备。这一技术将遮掩舰载垂直导弹发射井、大量中口径火炮及一个可以容纳"默林"与"野猫"直升机的机库。

USS"圣安东尼奥"号

"圣安东尼奥"号两栖船坞运输舰在高效地装载及隐秘地运送军用车辆及地面部队方面具有出色性能。若非"圣安东尼奥"号的大小,这本没有什么惊人之处,它重达25 000吨,比26型全球战斗舰与"朱姆沃尔特"号加起来都重。

十字军号

那么,如此庞大的舰只是如何做到隐形的?除了基本要素,这要源于全舰各处对于细节的关注。主要天线安装于平台上两个先进的封闭式桅杆/传感器系统(AEM/S)内,而不是在桁端上。甲板缘围着适合的舷墙,而不是救生索支柱;所有的外部设备都是凹陷的或者嵌装的;像吊艇起重机这样的大家伙如果不用就折起来;锚及锚固按照最小雷达后向散射来设计。

如此严格地遵循隐形原则,使原本是一艘小型航母的雷达有效截面,变成只有它的一小半那么大。这使它能够悄无声息地靠近目标海岸线将气垫登陆艇、两栖突击车、武装直升机、军用吉普车,甚至是装甲运兵车以及最多达699名士兵送到岸上。

聚焦USS"圣安东尼奥"号
看一看这艘战舰的一些最先进的以隐形为主的性能

飞行甲板
与充分发展的航母相比,"圣安东尼奥"号的露天飞行甲板有一个低断面,这使得飞机可以停放在上面而又不会泄露它的位置。

导弹系统
战舰上安装有一套RIM-116滚动机身导弹发射器以及一对MK41垂直发射导弹系统。

井形甲板
由于"圣安东尼奥"号的主要任务是悄悄运送作战部队及交通工具到海岸区域,一个内部井形甲板装备有两艘气垫登陆艇。

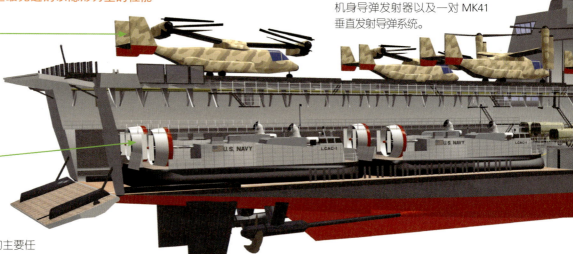

歼灭者

USS"朱姆沃尔特"号

　　USS"朱姆沃尔特号"——即将到来的朱姆沃尔特级的首制舰——的杀伤性能是26型战舰的两倍,而同时又绝对致力于保持隐形。其特性包括一个铝/玻璃纤维结构、一个几乎不留尾迹与废气抑制因子的穿浪型舰体以减少其红外线信号。除此以外,还有一个高角向内倾斜的外部、减噪系统、一个梯形的基于雷达罩作用的指挥控制中心,使得这个近15 000吨重的巨兽在雷达上不过是个鬼影。这些隐形武器使它像鱼叉一样穿浪而行,随时可以部署更具威力的武器打击毫无防范的目标。

　　有趣的是,"朱姆沃尔特"号甚至将隐形咒语也用到了武器上,其所有的炮、导弹、鱼雷都由计算机集成系统来发射。正因如此,舰上的工作人员根本无须用人力将炮抬到炮位上或者将导弹装进发射器里,这样会造成更大的噪声——"朱姆沃尔特"号却让光滑的、极简的甲板保持原样,因而,发射武器时也不会泄露它的方位。

弗吉尼亚级潜艇

　　虽然26型、USS"朱姆沃尔特"号及"圣安东尼奥"号展现了专门通过减少雷达有效横截面来隐形的先进技术,然而弗吉尼亚级潜艇却只用了一件工具就可对声呐产生同样的效果。"弗吉尼亚"的超低声音信号源于一种特殊的无回声涂层,该涂层由一种可以吸收声音的橡胶面板构成,面板被置于艇身的上端。涂层通过阻止电磁波、减少反射回去的电磁波数量以及破坏其总体能量来发挥作用。除了"弗吉尼亚"的隐形性能,它的泵式喷水推进系统可以将水通过进水口吸进一个涡轮动力泵里,然后从艇尾喷射出来,因此极大地抑制了噪声。

幽灵

什么是屏蔽系统?

　　海上运载工具上应用的屏蔽系统通过降低船的推进系统以及行进中发出的辐射噪声来运行。这是通过在船的侧壁以及螺旋桨上安装机加工的穿孔以使压缩的空气以极高的速度穿过小孔来实现的。空气穿过小孔后在船体及船桨周围产生一连串的气泡屏障以锁住机械噪声并阻断声呐波。其结果就是,敌军的声呐设备,诸如那些在敌人军用潜艇上发现的那些,接收到扫描区域严重扭曲的图像,图像中船只被遮蔽,其效果犹如雨水落入洋面一样。

桅杆
一个多面的雷达罩包围着布满天线的中央桅杆,极大减小了它的有效雷达横截面。

雷达波吸收(RAM)涂层
船体表面涂有一层雷达波吸收材料,这可以吸收部分无线电波并将其转化为热能。

感应器
"圣安东尼奥"号的被动电子战系统、SPQ-9B地平线搜索雷达以及长途对空搜索雷达也被围在降低信号的罩子下面。

车辆甲板
多达14辆远征战车及两栖突击艇可以搭载于多层甲板上。

舰身
船身的角度很大,几乎没有曲面。这种专门特制的角度极大减少了反射回敌军雷达装置的信号数量。

2.螺旋桨
螺旋桨上的通风口也会喷射气流,将它们遮蔽在小气泡当中。

1.穿孔
船身上的穿孔使加压后的空气从中被抽出船身的侧壁。

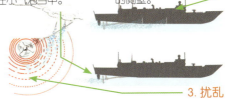

3.扰乱
因声呐装置无法获得清晰图像,螺旋桨及船只在水中运动发出的噪声被遮蔽。

"伊丽莎白女王"号

看一看英国皇家海军最大战舰的内景

比尼亚加拉大瀑布还要高，可容纳 4 架大型喷气客机的"伊丽莎白女王"号是一架真正的海军巨轮，6 家造船厂、10 000 名工人参与了建造工作，舰上安装着各种先进的技术设施。除了供 1 600 多名舰员放松休闲的电影院与体育馆，难以置信的是，这艘航母上还有足够空间容纳多达 40 架飞机，其中包括世界上最先进的隐形轰炸机系列 F35 闪电Ⅱ。

在作战时，它主要利用一套 20 毫米的火炮，它们是用于保护航母免遭导弹打击的密集阵近防系统（CIWS）的一部分。如果形势所迫不得不弃战而逃，2 台罗尔斯·罗伊斯的 MT30 燃气涡轮机与 4 个柴油发电机组将为战舰提供 109 000 千瓦的功率。这个能量足以满足一座小城市的供电需求！这些发动机赋予战舰 46 千米/时的最大速度以及 16 000 千米的航程。

像"伊丽莎白女王"号这样极其沉重的舰却依然能够漂浮在水面上，这是因为当它向下压的时候，水将它向上推。只要舰只比它排出的水轻，它就可以浮在水面上——这就是浮力原理。这艘独特的巨舰于 2016 年夏天试航。为实现这个目标，它将从位于苏格兰的罗赛斯造船厂驶离，穿过第四桥。这只能在海水处于低潮的时候来完成，因为"伊丽莎白女王"号实在太巨大了，高潮的时候难以从桥下通过！

无敌级航母

在"伊丽莎白女王"号还只是皇家海军眼里一个闪烁的微光时，叱咤海洋的是"无敌"级航母。第一艘这个级别的轻型航母正是"无敌"号航空母舰，它于 1980 年开始服役。接着便是"光辉"号航空母舰与"皇家方舟"号航空母舰。这些战舰曾在马岛战争与波斯尼亚战争中效力，并在 2003 年支援了入侵伊拉克的行动。"光辉"号是这些战舰中唯一还在服役的一艘，但在不久的将来它也将退役。它将成为赫尔的一个旅游景点，用来在亨伯河上举办一些活动与会展。

舰形

贯穿航母长与宽的横截面

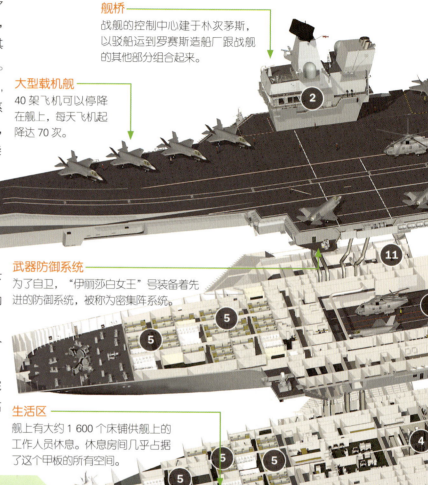

舰桥
战舰的控制中心建于朴次茅斯，以驳船运到罗赛斯造船厂跟战舰的其他部分组合起来。

大型载机舰
40 架飞机可以停降在舰上，每天飞机起降达 70 次。

武器防御系统
为了自卫，"伊丽莎白女王"号装备着先进的防御系统，被称为密集阵系统。

生活区
舰上有大约 1 600 个床铺供舰上的工作人员休息。休息房间几乎占据了这个甲板的所有空间。

发动机舱
这艘航母用 109 000 千瓦的电站来驱动舰上的电子设备。

喷射动力
2 台罗尔斯·罗伊斯 MT30 燃气涡轮机（基于与波音 777 相同的零件）来驱动发动机及 4 台柴油机。

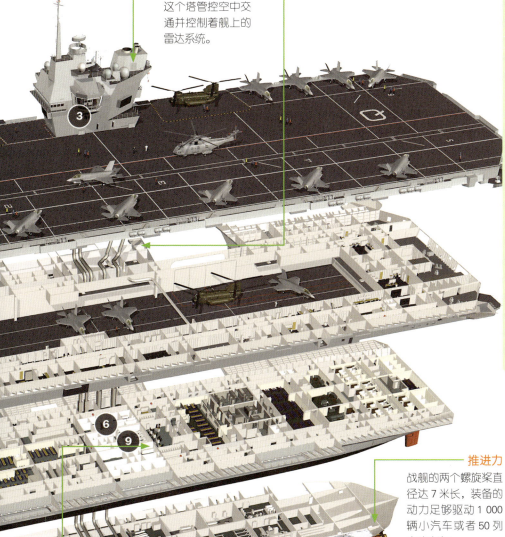

飞行控制
这个塔管控空中交通并控制着舰上的雷达系统。

飞机升降机及机库
有几架飞机会放到甲板下面以腾出额外空间，需要的时候由特殊的升降机将它们抬升上来。

推进力
战舰的两个螺旋桨直径达 7 米长，装备的动力足够驱动 1 000 辆小汽车或者 50 列高速火车！

医疗区
舰上有几个医疗区以及一个医院，用于长途航行中为舰上的工作人员做治疗。

最初的"伊丽莎白女王"号

在 20 世纪初期，"无畏"战舰是首选战舰。"伊丽莎白女王"级战列舰是由 5 艘在两次世界大战中在皇家海军服役的"超弩"战列舰组成。设计了 6 艘，但由于第一次世界大战的爆发，"阿金库尔"号战舰被取消。除了"巴勒姆"号于 1941 年被德国潜艇炸沉以外，所有战舰都成功渡过了两次世界大战。到这时，舰上的护甲都陈旧不堪，已经无法抵御鱼雷的炮火攻击。它们被部署到世界各地，直到 40 年代末被"复仇"级战列舰取代。

第一艘"伊丽莎白女王"号是皇家海军的旗舰，服役 34 年

统计数据……

"伊丽莎白女王"号
造价：103 亿美元
重量：65 000 吨
长度：280 米
高度：56 米
全体船员：1 600 人

舰上有 12 000 罐甜豆，足够装满 38 个浴缸

舰上有 64 800 枚鸡蛋，足够做 21 600 个鸡蛋饼

舰上存有 66 000 根香肠，排起来有 6.5 千米长

舰上的面包房每天要制作 1 000 个面包

英国45型驱逐舰排水量达8 000吨,可搭载大约190名乘员

新一代 战舰

最新战舰上的火力令人难以置信。让我们来探索改变21世纪海战的技术

如果你认为海战的黄金时代在200年前就已经结束,显然有人忘记告诉各国海军这一点了。事实上,新一波先进的、武装到牙齿的战舰正出现在各个造船厂中,大家心中只有一个目标:就是要完全主宰海洋。

从被推出英国造船厂的全新的、强悍的45型驱逐舰,到出现在美国的几乎如科幻一般的"朱姆沃尔特"级战舰,再到巡航的航空母舰犹如一座座小岛位于地球上的海洋中,战舰正被大量制造,而且是按照更先进的规范制造。

远不是过去几百年里那个基本的重量级,只要能在致命的撞击游戏中彼此竞争就可以。今日的战舰必须能挫败各种威胁,无论是海上的、空中的,还是陆地上的。而且,它们必须在最大射程内做到这点。鉴于此,踏上一艘今日的战舰——不论是护卫舰、驱逐舰还是轻巡洋舰——你都会发现大量疯狂的武器装备。

有能打到95千米远的加农炮,而且能以高精确度智能引导炮弹打击目标;除此以外,还有格特林机枪,它可以自动追踪一个以每小时数百英里的速度移动的目标,然后将炸裂弹以每秒1 100米的速度射出来击中目标。

导弹发射系统不仅增强了隐形性,而且能在几分钟内从一个安全距离将各种不同的、极具破坏力的导弹发射到敌人营地的中心。而舰炮则能使敌人受到持续的高爆炮弹的轰击,仅有极少数人能弃船而逃。而这些只不过是21世纪最先进战舰上的武器库中的一碟小菜。

目前,舰上的军备没有止境,甚至海岸警卫队舰队、护卫船、民用的辅助船上也装备着一些军用等级的攻击武器。显然,控制这个世界的水域并非像历史书让我们相信的那样已经过时。在这个特写中,我们将看一看各种已经下海的战舰,以及那些不仅对海战,而且对一般的战争也产生革命性影响的武器装备。

交战规则

决定现代海战结果的关键阶段与技术

威胁
现代战舰专为与几个不同威胁的目标交火而设计，其中包括高速飞行的喷气机、敌军战舰、深海潜艇。

侦察
要与这些目标交战，首先必须对其进行侦察，这是通过在轨的 GPS 卫星、雷达及声呐、通信系统来实现的。

攻击武器
当处于进攻模式时，战舰可以用制导或非制导的导弹、炮弹及杀伤力极强的鱼雷与目标交火。

防御武器
如果受到攻击，战舰可以发射诱饵装置，诸如照明弹或者反制反导弹弹药，或者直接以智能机炮与面临的威胁交火。

一枚高爆破制导鱼雷从一艘美国战舰上发射出来

USS "北卡罗来纳"号战舰上搭载的大多是传统的 41 厘米的舰炮

USS "艾奥瓦"号战舰从其 Mark 7 舰炮上发射一连串炮弹

战舰类型

1.轻巡洋舰
最小的战舰之一，轻巡洋舰只是装备着轻型武器的机动性较强的军舰，多用于沿海的行动。隐形轻巡洋舰也变得流行起来。

2.护卫舰
装备有轻型武器、中等大小的军舰，大多用于保护其他军用或者民用船只。最近，护卫舰又重新得到重视用于驱除潜艇。

3.驱逐舰
体型庞大而且重度装备的驱逐舰专为防潜艇、防空及水面作战而配备，可以持续数月出海。

4. 巡洋舰
类似于现代驱逐舰，巡洋舰是武装到牙齿的多功能战舰。虽然巡洋舰还在使用，但在很大程度上，它们已被取代。

5. 航空母舰
远洋的海上怪兽，航空母舰是最大的战舰。它们的主要作用是海上的空军基地，起飞战机。但它们自身也全副武装。

聚焦武器

我们将目光对准最新战舰上的四种最为先进的武器装备

MK 110 舰炮 — 1

能够自动连续发射220发55毫米的MK295 Mod 0型炮弹——请看：MK110舰炮每一分钟都在将高爆破榴弹炸成碎片，它简直就是一个投弹怪兽。MK110源于过去百年来延续时间最长的舰炮系列，具有一些火爆的性能，其中包括：能够发射常规的或者智能弹药、安装在炮管上的雷达用以精确测量炮弹的出口速度、能即时在炮弹类型之间切换、一个既可以保护舰炮又使它可以360度旋转的隐形炮壳，外加一个全数字化的火力控制系统，这可以使MK110在发射前的瞬间对精确瞄准及炮弹引信选择命令做出反应。说实在的，唯一能阻止MK110持续攻击目标的就是它的载弹容量，它的载弹量为120发，重新装填炮弹需要3分钟时间。

"先进"火炮系统（AGS）— 2

"先进"火炮系统是BAE系统公司研发的一种新型海军舰炮，能以超快速度从超视距的距离精确发射炮弹。与众不同的是，它不仅能发射非制导炮弹——如大多数舰炮所设计的一样——还能发射远程对地攻击弹（LRLAP），一种155毫米的精确制导炮弹，由于底排火箭辅助以及延伸的滑翔弹道，它可以飞越150千米的距离直奔攻击目标。此外，它的圆径概率误差仅为50米，这使得它的精确度极高，即便是在很远的地方。此外，AGS每分钟可从隐形炮塔发射10发远程对地攻击炮弹，而且还可以发射传统的非制导炮弹，显而易见，这就是它为何被装配到许多现代战舰上的原因。

炮塔
MK110的炮塔及舰炮的发射装置能360度旋转。它可以使火炮从–10度升到77度，并且，其外部包着防弹盾用以躲避雷达探测。

炮管
MK110有一个发射炮管，带有渐进式24螺纹，呈抛物线缠绕。炮管的钻孔深度为3990毫米可以发射55毫米的常规与智能炮弹。

起重机
MK110的55毫米MK295 Mod 0炮弹通过一个机械起重机来送到炮位上。炮弹填充到120发，然后自动注入弹舱。

垂直发射系统

垂直发射系统 (VLS) 是先进的多导弹发射系统。不同于以往的系统只能发射一种特定的导弹，VLS 是模块化的，因而各种导弹都可以从同一个外壳内发射。"朱姆沃尔特"级驱逐舰上的导弹包括 RIM162 改进型"海麻雀"导弹、反潜火箭（ASROC）、战术战斧式亚声速巡航导弹，均部署于舰身内的一些发射舱里。一旦发射，它们就会从甲板顶部飞射出去。导弹多隐藏于舰体内，除非要用到的时候。因而，VLS 改善了战舰的整体雷达有效横截面，使其更难以被探测。从 VLS 弹舱内发射出来的导弹都是制导版的，并携带精选的高爆破弹头，由雷达或者 GPS 制导打击目标。

FIRE POWER 4

密集阵 近战武器系统

每一艘现代战舰都配有近战武器系统，或者叫 CIWS。在所有的近战武器系统中，密集阵 CIWS 是其中的佼佼者。这是一种点防御武器，被设计来攻击任何一种目标——无论是敌军的战斗机还是导弹——它们成功躲避了战舰远程攻击武器，这就是威力巨大的 20 毫米 (0.8 英寸) M61"火神"式机炮。但它真正特别之处却在于它先进的瞄准定位系统，该系统由两架独立的天线合作攻击目标。第一架天线用于搜索到来的目标，传输其方位、速度、距离以及高度方面的数据。第二架天线用于追踪接近的目标直到射程范围以内。一旦到来的目标距离足够近，密集阵就会自动开火，瞬间，由精选的传感器制导的炮弹就会飞向不幸的目标。

FIRE POWER 3

雷达
一个球管状雷达罩将密集阵的 Ku 波段搜索及枪炮瞄准雷达封闭在内。搜索天线扫描寻找威胁，一旦某个目标被证实为不怀好意，枪炮瞄准天线则将其锁定。

火炮
打击由 20 毫米的 M61"火神"式机炮来实施。炮弹的初速超过 1 100 米/秒，有效射程为 3.6 千米。

滚筒
加特林原理的机炮的弹药来自一个大弹药筒。分配器可以每分钟 4 000 发的速度填充弹药。

第五章 历史上的交通工具：改变世界的标志性机器

协和式飞机内部

机翼下面是什么？

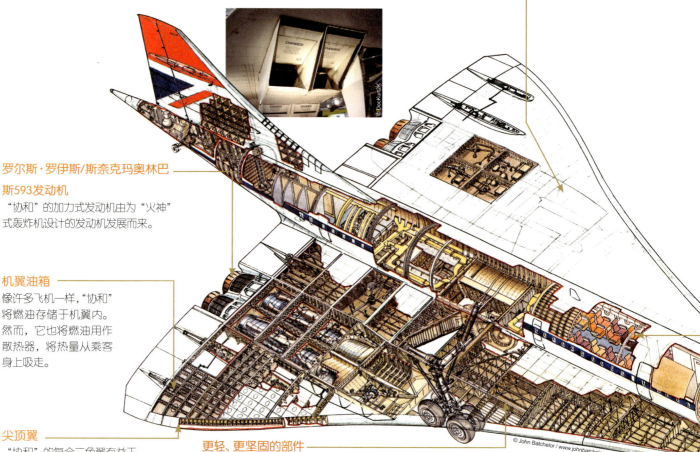

进气系统
这个进气坡道及溢流门的作用极大，它们似乎可以完全抵消发动机故障，让飞机保持空气动力性能。

罗尔斯·罗伊斯/斯奈克玛奥林巴斯593发动机
"协和"的加力式发动机由为"火神"式轰炸机设计的发动机发展而来。

机翼油箱
像许多飞机一样，"协和"将燃油存储于机翼内。然而，它也将燃油用作散热器，将热量从乘客身上吸走。

尖顶翼
"协和"的复合三角翼有益于它的气动外形及速度。

更轻、更坚固的部件
"协和"用雕刻铣削这种方法来制造，这是一种能减少部件数量同时也减轻必备部件重量并使其更坚固的过程。

协和式 飞机

一种能在3小时内飞越大西洋的飞机，它似乎是人们无法企及而又梦寐以求的

飞得比声速还要快似乎只是军方的要求，但在20世纪60年代末期，俄罗斯、法国、英国与美国都在致力于实现超声速商业飞行的理念。

协和式飞机是英、法两国共同努力打造超声速飞机的结果，即便是现在，也无法不为其先驱地位而惊叹。它的尖顶机翼或者双曲度机翼使其保持空气动力性能，并在很大程度上决定了飞机的外形，因为它们迫使机头在滑行、起飞及降落的时候抬起。为了将飞机阻力降到最低以及提高能见度，头锥可以活动下降以便提高能见度，飞行中摆平以改进气动外形。

"协和"的发动机也需要改进以适应长途超声速飞行。喷射发动机只能以亚声速吸进空气，因此，当飞机以2马赫速度飞行时，穿过发动机的空气必须减速。更糟糕的是，在让空气减速的过程中会产生有潜在破坏作用的冲击波。这是由一对进气坡道及辅助的溢流门来控制，溢流门在飞行中可以移动以使空气减速，同时让发动机高效运行。这个系统运行非常成功，协和式飞机63%的推力是由超声速飞行期间的进气产生的。而且，"协和"还得应付超声速飞行时产生的热量。机头——传统上任何超声速飞机上最热的部分——上安装有遮阳板以防热量传递到驾驶舱，同时飞机的燃油也被用作散热器，将热量从驾驶舱吸走。

即便如此，由于飞机以超声速飞行压缩空气时产生的巨大热量，机身会延伸长达300毫米，几乎有1英尺那么长。这最明显的表现就是飞行甲板上随机工程师的操作台与舱壁之间有一个缝隙。工程师们会习惯性地将他们的帽子放在这个缝隙上，结果，等它合上就会将帽子卡住。

声爆

物体穿过空气时产生声爆,这种穿越会产生以声速行进的压力波。飞机的飞行速度越是接近声速,这些压力波也彼此越接近,直到它们融合在一起。于是飞机就形成了马赫锥的一个顶点,机头的压力波经过机尾时与下降的压力波结合从而产生了清晰的隆隆声。

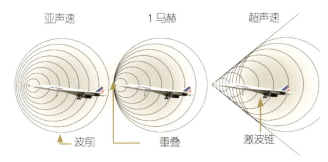

亚声速　　1马赫　　超声速

波前　　重叠　　激波锥

协和式飞机在巴黎戴高乐机场展示

一个时代的终结

2000年7月25日,法国航空公司的4590航班在法国的戈内斯坠毁,机上100名乘客与9名机组人员外加4名地面人员丧生。

尽管坠机事故是因一架先前起飞的飞机上落下的一个碎片引起的,但乘客人数再也没有恢复,而且由于飞机已经使用多年而造成的日益上涨的维修费,以及"9·11"恐怖袭击后航空旅行受到重创所致,乘客人数进一步下滑。

于是,2003年4月10日,法国及英国的航空公司宣布它们的"协和"机群将于当年年底退役。尽管理查德·布兰森(英国亿万富翁——译注)试图为英国维珍大西洋航空公司购买英国航空公司的"协和"机群,但在长达一周的告别之旅之后,协和式飞机还是退役了。告别秀以三架协和式飞机在希思罗机场降落,世界范围内的协和式飞机的最后航班降落于布里斯托尔的菲尔顿机场而达到高潮。

英国航空公司还是拥有它的"协和"编队,一架在萨里郡展出;还有一架被布尔歇机场及太空博物馆的志愿者们精心爱护,几乎还能翱翔天空;第三架飞机也在同一地点,正被英、法工程师的联队研究。

客舱
协和式飞机可以搭载92名乘客;如果机舱内部进行重新配置的话,可以搭载多达120人。

英国航空公司的协和式飞机内部

驾驶舱
协和式飞机是英国航空公司最后一种要求随机工程师与驾驶员及副驾驶一起待在驾驶舱内的飞机类型。

起落架
起落架通常比较坚固,因为在起飞前,在旋转的时候飞机会大角度抬升,这尤其会给后轮带来巨大的压力。

线控推力
协和式飞机是第一批使用机载电脑帮助控制推力水平的飞机之一。

机头
协和式飞机的机头在起飞及降落的时候下垂以提高能见度,在飞行期间摆正。

统计数据……

英国宇航公司/法国宇航公司协和式飞机
制造商:英国宇航公司(现在的BAE系统公司)与法国宇航公司(现在的欧洲宇航防务集团EADS)
投放市场年份:1976年
退役年份:2003年
产量:20架
大小:长度:61.66米;翼展:25.6米
高度:3.39米
载客量:多达120人
单位造价:2300万英镑(1977年)
巡航速度:2.02马赫(2 124千米/时)
最大速度:2.04马赫(2 173千米/时)
动力装置:4台罗尔斯·罗伊斯/斯奈克玛 奥林巴斯593发动机
最大飞行高度:18 000米

"超级马林"喷火战斗机

很可能是"二战"当中最具标志性的战斗机,直至今日,英国皇家空军的喷火战斗机还因其勇猛、敏捷与用途广泛而受到追捧

设计于第二次世界大战对技术与创新融合的狂热时期,"超级马林"喷火战斗机是当时最先进的战斗机。它以简洁的线条、优雅的机架以及超级的气动性能将铭记于战火中的以及战后几十年的几代人的心中。

这个喷火战斗机是航空工程师雷金纳德·米切尔的心血之作,他领导了一队满腔热忱、才华横溢的设计师。最初被设计为短程防空战斗机,喷火战斗机为速度与机动灵敏而打造,这是它与遭遇的敌军战斗机或者轰炸机进行缠斗时所需要的特性。可是,制造一架战斗机要远比列出其应该具有的特性复杂得多。喷火战斗机的制造就是在重量、空气动力及火力之间做出的一系列过程曲折的妥协。

带有椭圆形机翼的机身是喷火战斗机最与众不同的特征,这使它在空中投下一个独特的剪影。一方面要容纳收回的起落架以及用于自卫的火炮,这要求机翼必须具备一定的厚度,而椭圆的外形则可以将阻力降至最低。而这个不可思议的独特外形却源于一个简单的折中。相比之下,机身则受到全金属、低单翼机制

罗尔斯·罗伊斯的Vee-12发动机
在其生产年限中,喷火战斗机使用罗尔斯·罗伊斯发动机的两种变体,一种是27升墨林发动机,一种是37.6升格里丰发动机。

螺旋桨
最初的喷火战斗机使用的是木质螺旋桨,后被变距螺旋桨替换。随着马力的增大又增加了更多的叶片。

机身
机身融合一个流线型半纯铝合金机身与一个封闭的驾驶舱,这增大了飞机的反应力与飞行舒适度。

炮位
喷火战斗机的最初武器装备由8挺7.7毫米的勃朗宁机枪组成,每一挺装有300发子弹。

照相枪拍下的录像画面显示出追踪者

喷火战斗机内部

是什么令这架飞机如此惊人？

全封闭驾驶舱
全封闭驾驶舱的好处不计其数，但最显著的是，它改善了喷火战斗机的空气动力性能。

椭圆形机翼
喷火战斗机的椭圆形机翼是一个本质的设计特性，可以在极端情况下发挥其功能，同时在审美上又养眼。

机身
喷火战斗机的机身是由强化铝合金制造，由 19 个单独的框架构成。

起落架
喷火战斗机的起落架可以完全收回，这在早期的飞机中较为少见。

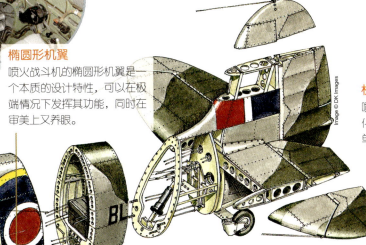

造技术的令人兴奋的新进展的影响，它复杂而均衡地融合了半纯铝合金机身与一个全封闭的驾驶舱。这使它具有无与伦比的反应力与飞行舒适度，使它成为飞行员的宠儿。

另一个最具特色且最能诱导成功的要素很可能就是它的发动机，它采用的是罗尔斯·罗伊斯的墨林及格里丰发动机。罗尔斯·罗伊斯的董事们意识到，他们目前的 Vee-12 发动机输出 700 马力就已经到顶，它需要一个新的功率更强大的变体。在他们的规划下，起初设计了墨林发动机，后来是格里丰发动机。墨林发动机起初能输出 790 马力，并未达到设计纲要中制定的 1 000 马力的目标，但仅在几年后，它就增长到了 975 马力。格里丰接着就在墨林成功的基础上再接再厉，在其发展的巅峰时刻能输出 2 035 马力的巨大功率。在喷火战斗机独霸天空的时候，这些发动机经证实与飞机的机身及机翼设计一样功不可没。

尽管喷火战斗机最初只是为短程的国土防御而设计，但它很快证实自己用途广泛并且所向披靡，于是它很快就被改装为具有各种军事用途的飞机。各种变体得以产生，包括专为执行侦察及轰炸任务、进行高空拦截、执行一般的战斗轰炸任务而设计的飞机。最为显著的喷火战斗机衍生品就是多元化的"海上荧光"——专为在航母上执行任务而设计的飞机，为了便于停放，它又添加了一个双重折叠机翼的性能。

鉴于喷火战斗机在历史上的地位——架连接了螺旋桨发动机时代与喷气发动机时代的战斗轰炸机——至今仍有人在收藏（平均每架花费 140 万英镑）并驾驶它们也就不是什么令人费解的事情。喷火战斗机是一项永恒的工程杰作，它展示了军事历史上最有创意及最为先进的活动。

"兰开斯特"轰炸机

"兰开斯特"轰炸机以勇猛著称,并由于1955年的电影《轰炸鲁尔水坝记》而风靡流行文化中,它在"二战"中为锁定盟军的胜利发挥了关键作用

阿芙罗公司制造的"兰开斯特"轰炸机可能是"二战"当中最为知名的重型轰炸机,它承担了英国皇家空军中的一些最危险、最复杂的任务。主要作为夜间轰炸机,但也经常用于白天。"兰开斯特"隶属于轰炸机组指挥部,在战争中总计执行飞行任务156 000次,投下609 000吨炸弹。在这些炸弹中最著名的是巴恩斯·沃利斯设计的"弹跳炸弹",其中的炸药包使"兰开斯特"在1945年以后很久仍旧广为人知。我们看一看阿芙罗制造的"兰开斯特"内部,以了解到底是什么使它如此所向披靡。

"兰开斯特"轰炸机投掷了609 000吨炸弹

统计数据……

"兰开斯特"轰炸机
- 机组人员:7人
- 长度:21.18米
- 翼展:31.09米
- 高度:5.97米
- 重量:29 000千克
- 动力装置:4台罗尔斯·罗伊斯的墨林XX V12发动机
- 最大速度:450千米/时
- 最大航程:4 828千米
- 最大飞行高度:8 160米
- 武器装备:8x7.7毫米的勃朗宁机枪,载弹量6 300千克

机组人员

由于它体型庞大、武器众多、技术复杂,"兰开斯特"有7名机组人员。包括:驾驶员、随机工程师、导航员、炸弹瞄准员、无线电报员、机身前半部分及机尾的炮手。许多"兰开斯特"的机组人员因为作战英勇而被授予维多利亚十字勋章,其中一个著名的例子就是两个在大白天去空袭德国奥格斯堡的机组人员。

炮塔

作为标配,"兰开斯特"的机头、机尾及机身的前半部分装备有3座双管7.7毫米机枪炮塔。在"兰开斯特"后来的一些变体中,双管7.7毫米机枪换成了12.7毫米的型号,这可以发射更强大的炮火。机尾及机身前半部位的炮塔则永久性地为专门的炮手所占据,机头的炮位在陷入空中混战的时候定期地为炸弹瞄准人员使用。

炸弹舱

炸弹舱的载弹量巨大。说实在的,这个炸弹舱异常宽敞,只需稍加改装就可以容纳巨大的"大满贯"地震炸弹,一个重达10 000千克的巨型炸弹,一旦释放它的速度将在钻进大地爆炸前达到近似声速。

机身

"兰开斯特"的设计源于阿芙罗早期的683型"曼彻斯特"Ⅲ轰炸机,该机型是以三鳍机尾而著称,这两者的建造类似。这两个机型虽然总体构造接近,但三鳍机尾的设计被双鳍设计取而代之。这个对原来的轰炸机仅做出微调的事例已无人不知,一经试飞这个微调就被认定是改得恰到好处。

共计制造了7 000多架轰炸机

"兰开斯特"轰炸机内部

动力装置

"兰开斯特"轰炸机由4台罗尔斯·罗伊斯的墨林V12发动机提供动力,它们因其卓越的可靠性而为"兰开斯特"的总设计师罗伊·查德威克选中。因为肩负重任的轰炸机——阿芙罗"曼彻斯特"曾使用罗尔斯·罗伊斯的"秃鹰"发动机,但在服役过程中一直深受发动机故障的困扰。

弹跳炸弹

"兰开斯特"轰炸机最广为人知的传承之一就是搭载及投放弹跳炸弹的能力,如在1955年的电影《轰炸鲁尔水坝记》中所夸耀的那样。这个炸弹由巴恩斯·沃利斯设计——他也是"大满贯"及"高脚柜"地震炸弹的设计者——具有能沿着水面上方弹跳的特殊能力,与打水漂的原理很像。它是专为抵御及躲避德军在吃水线下方的防御而设计,使得盟军能够针对德国的水电站大坝及漂浮在水面上的船只进行攻击。

1943年5月,弹跳炸弹被用于代号为"严惩"的行动中,盟军此次任务是要炸毁德国在鲁尔山谷附近的三座大坝。使用的飞机是改装后的阿芙罗"兰开斯特"MK Ⅲ,它们的大部分武器及中央炮塔都被撤下以便容纳下炸弹的炸药包。尽管在行动中损失了8架"兰开斯特",并且有53名机组人员牺牲,但还是有一小部分弹跳炸弹被投放,两个大坝被炸开缺口,另一个大坝严重受损,1 296名平民在行动中丧生。

这是真正的大坝克星

"梅塞施米特"式 Me 262 战斗机

这款德国战斗机如何为"二战"的空中战场带来骇人的速度与作战优势

照片中这一架"梅塞施米特"式 Me 262"燕子"战斗机是第一架落入盟军手中的喷气机变体

机身

Me 262 战斗机的机身用钢铁与铝合金制造而成,而驾驶舱的天篷却是由两块安装于一个管座框架上的圆形塑胶玻璃组成。机身安装有三轮起落架。

速度就是致命武器。纳粹政权对这一战争实际掌握得极好,并将其运用于"二战"中的闪电战术,而且取得极佳的效果,他们以超快的速度与强大的火力撕开盟军的战线。如同他们为军事的各个方面施咒一般,如在具有开创意义的"梅塞施米特式"Me 262 战机中体现出来的,这常常产生惊人的后果。

Me 262 是"二战"中投入生产的最先进的航空设计,也是世界上第一架运行的以喷气发动机为动力装置的战斗机。它以先进的流线型钢铁与铝合金底座、两个超强的 Junkers Jumo 004B-1 涡轮喷气发动机,以及能使它执行各种不同任务的武器装备为特征。它最初被设计为高速的战斗截击机,用来在飞行任务中击落盟军的轰炸机,然而在希特勒亲自命令下,它的用途也扩展到执行轰炸任务。

它的制空能力依赖它 900 千米/时的极高速度,秒杀了其最接近的对手美国的 P-51"野马"战斗机与英国的"喷火"战斗机。确实,Me 262 为空中战场带来的极速意味着传统的缠斗战术需要改写,盟军的飞行员用他们的电子炮塔已经无法追踪德军的飞机,或者尾随它们很长距离。相反,盟军的飞行员必须联合起来迫使 Me 262 的飞行员进行低速飞行,这样它们才可能被击落。

这个强大的性能来自涡轮喷气发动机。在低速飞行的时候它产生的推力还不如螺旋桨的大,这意味着 Me 262 要花费更多时间才能到达高速。然而,一旦升空飞行,它就能轻而易举甩掉盟军任何一架飞机。此外,涡轮喷气发动机使 Me 262 比同时代的飞机有更高的爬升率,这个特性运用于战术上,使它们可以令敌军飞机占位不当,从而可以列队对在下面飞行的轰炸机发起一轮又一轮的攻击。对敌军的空对空打击是由 4 门 30 毫米的 MK108 加农炮及 24×55 毫米 R4M 火箭来实施。Me 262 的加农炮可以进行短程火力打击,而非制导的 R4M 火箭则可使用高爆破弹药攻击较大的目标,每一类都可以彻底摧毁当时任何一架飞机。空对地攻击是用一些 250 千克或者 500 千克的自由下落的炸弹来实施,这些炸弹存储于专用的炸弹舱中,然后被投掷下去。由于其装备的武器及超高的速度,Me 262 累计杀伤率为 5:1,并且击落了各种不同的盟军飞机。

不幸的是,Me 262 的统治却是短命的,因为大量地推迟其运行功能,它直到 1944 年春天才被引入,不过是战争结束前一年多。此外,飞机的零部件很不易于获取,而且关于维修方面的信息在机械师之间也推广不力,这些都导致飞机编队的飞行时间严重不足,在一些时间几乎没有 Me 262 在空中飞行。由于它卓越的制空性能,盟军很快就意识到它的潜在威胁,出动了大量的轰炸飞行架次去炸毁它的建造工厂及起飞基地。

仪表
Me 262 驾驶舱内的飞行仪表包括：一个人工水平仪、坡度指示器、转数计、空速表、高度仪、爬升率表、无线电罗盘及盲目进场仪表。

Me 262 的发动机使它的最大速度达到 900 千米/时

武器装备
武器包括 4 门 30 毫米的 MK108 加农炮，24×55 毫米的非制导 R4M 火箭，要么是 2 枚 250 千克或者 1 枚 500 千克的自由下落炸弹。

机翼
Me 262 以一个后掠翼形态为荣，其前缘摆幅达到 18.5 度。这个摆动设计是后来添加的——最初设计并没有后掠翼这个特性——因为 Jumo 004 发动机经证实要比预期的更沉重，升力的中心需要变换位置。

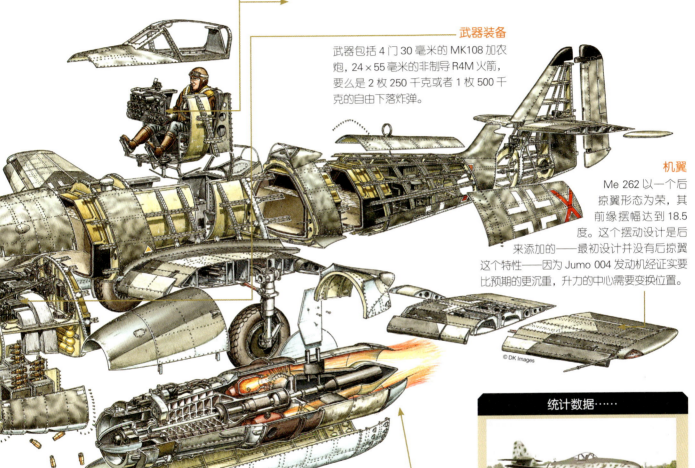

发动机
极速源于 2 台 Junkers Jumo004 涡轮喷气发动机，每一个能输出 900 千克力。这使飞机的最大速度达到 900 千米/时，要比最接近的对手每小时快了 160 千米以上。

"Me262 是'二战'中投入生产的最先进的航空设计"

统计数据……

Me 262 A-1a
机组人员：1 人
长度：10.6 米
翼展：12.6 米
高度：3.5 米
重量：3 795 千克
动力装置：2 台 Junkers Jumo 004 B-1 涡轮喷气发动机（每一个输出 1 980 磅力）
最大速度：900 千米/时
最大航程：1 050 千米
最大飞行高度：11 450 米
武器装备：4×30 毫米 MK108 加农炮、24×55 毫米 R4M 火箭、2×250 千克炸弹

F-86 "佩刀"战斗机

被认为是20世纪50年代最重要的军用飞机，F-86"佩刀"是一款用途极广的喷气战斗机，飞行速度快且杀伤力极强

F-86"佩刀"是20世纪40年代末由北美航空公司（现在是波音公司的一部分）制造的极成功的单座喷气战斗机。这款飞机——西方第一款以后掠翼为特征的喷气机，以及第一款在俯冲时能突破声音障碍的飞机——经历了朝鲜战争及"冷战"的历次行动，已经成为飞机工程史上辨识度极高的图标。

最初，制造"佩刀"的目的是对抗苏联的米格-15，因而其设计是以更卓越的飞行性能为指导的，多被派遣去执行激烈的高速空中缠斗任务。尽管在轻便及武器装备上不如苏联飞机，但后掠翼带来的跨声速阻力的降低再加上它流线型的机身及先进的电子设备，使它具有更优越的操控性。由于它在操控性能上比米格技高一筹，因而在作战中确立了自己的优势。

尽管在武器装备上整体而言不如对手，但"佩刀"是首批能发射制导空对空导弹的军用喷气机之一，后来的变体，如F-86E，上面安装有雷达及瞄准系统，这在当时具有开创性意义。这些因素，再加上它的飞行高度，以及1 600千米之遥的航程，使它能轻易拦截任何一架敌机。

然而，今天"佩刀"却是因其破世界纪录的性能而广为人知，该机的各种变体在40年代及50年代的6年内五次创下官方速度纪录。更有甚者，F-86D不仅于1952年以其1 123千米/时的世界纪录载入史册，在来年又将此纪录每小时提高了27千米。这些正是F-86依旧是人们钟爱的飞机并将永远为历史铭记的部分原因。

现在，已经没有F-86战斗机仍旧在哪个国家的军队中服役。随着时间的推移，新技术在不断发展，自然而然，它也被更现代、更先进的飞机所替代。然而，由于它的标志性地位及可靠的操控性，许多F-86仍旧在民用领域飞行。单在美国，就有50架被注册为私人拥有，深受收藏者们及飞机爱好者们的青睐。直到今天，它仍旧激励着新一代的工程师们。

登上F-86E

探索将"佩刀"打造成所向披靡的战斗机的先进的工程设计……

机身
一个锥形的标志性机身上安装有头锥进气口。空气在驾驶舱下用导管输送到J47发动机，之后，在机尾从喷嘴排出。

机翼
两个机翼与机尾都是后掠式，前者安装有电动操作的襟翼及自动前缘缝翼。后掠机翼使飞机在缠斗中具有出色的灵敏性。

尽管是由北美航空公司制造的，但有20多个国家的空军都在使用"佩刀"战斗机，其中包括日本、西班牙及英国。

发动机
F-86E 使用的是通用电气的 GE J47-13 涡轮喷气发动机，能够输出 2 358 千克力的推力。这个原始动力能使它最大水平速度达到 1 046 千米/时。

驾驶舱
F-86E 的驾驶舱安装着小气泡状天篷，仅能容纳 1 名飞行员。驾驶舱处于一个非常靠前的位置，正好塞在头锥的后面。

统计数据……

F-86E "佩刀" 战斗机
长度：11.3 米
翼展：11.3 米
高度：4.3 米
最大速度：1 046 千米/时
最大航程：1 611 千米
最大飞行高度：13.71 千米
战斗重量：6 350 千克

谁是翱翔者杰奎琳·考克伦？

出生于 1906 年的考克伦是美国的先驱飞行员，是她那一代最富才华的飞行员。她驾驶一架定制的 F-86F 战斗机完成的惊人壮举，使她成为世界上第一个打破声音屏障的女人。

这一纪录于 1953 年 5 月 18 日在加利福尼亚的罗杰斯干湖被打破。在她的 F-86 中，考克伦累计的平均速度是 1 050 千米/时，与她的僚机驾驶员共同打破了声音屏障。考克伦也是第一个从航母上起飞并达到 2 马赫飞行速度的女人。

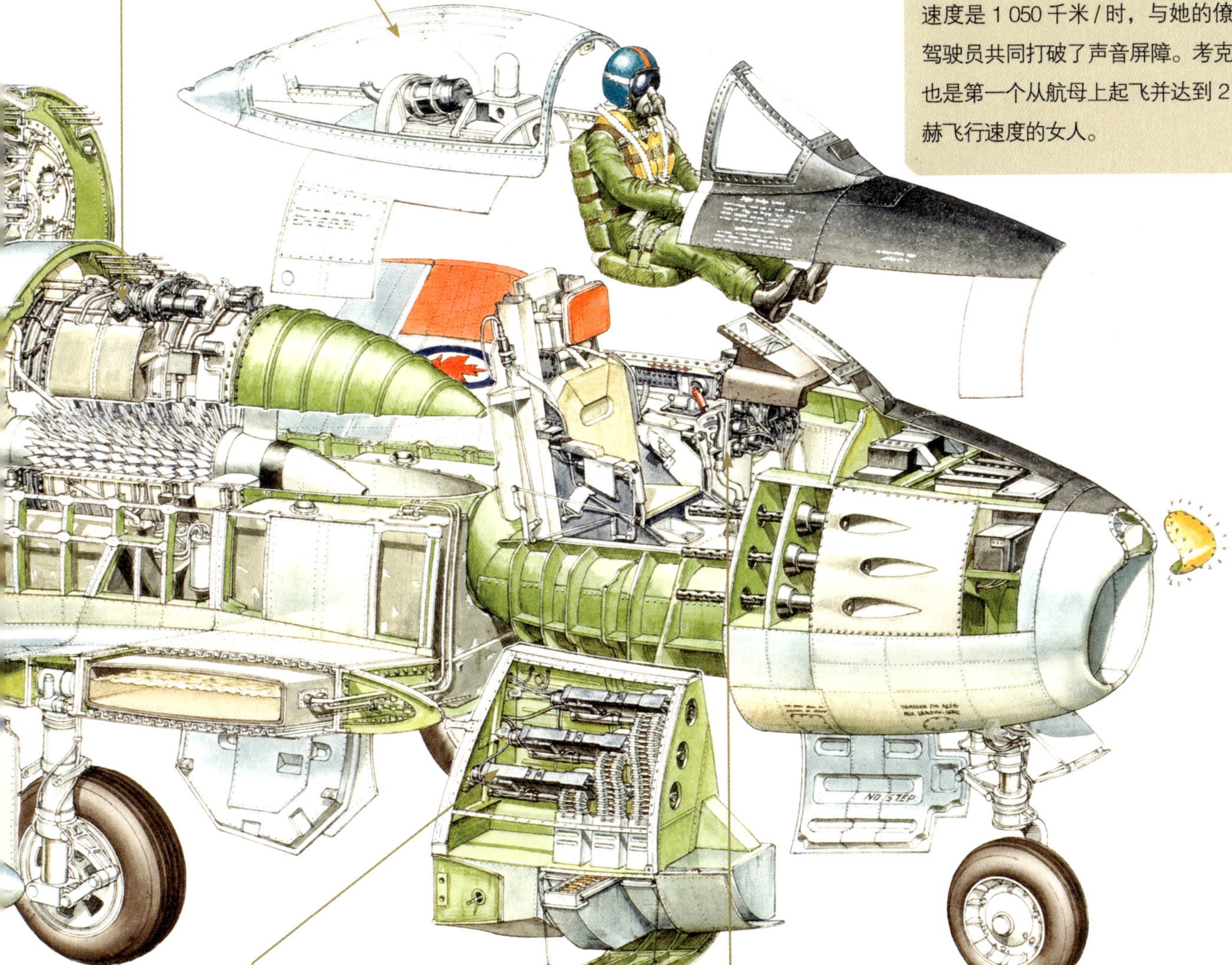

武器装备
"佩刀" 配有 6 门 50 口径（12.7 毫米）M2 勃朗宁机枪及 16 枚 127 毫米机载高速火箭 (HVAR)，还有一些自由下落的炸弹。

电子设备
一个 A-1CM 瞄准器及 AN/APG-30 雷达系统使 F-86E 成为当时技术最先进的喷气机之一。雷达可以迅速计算出目标的距离。

1910年福特T型车

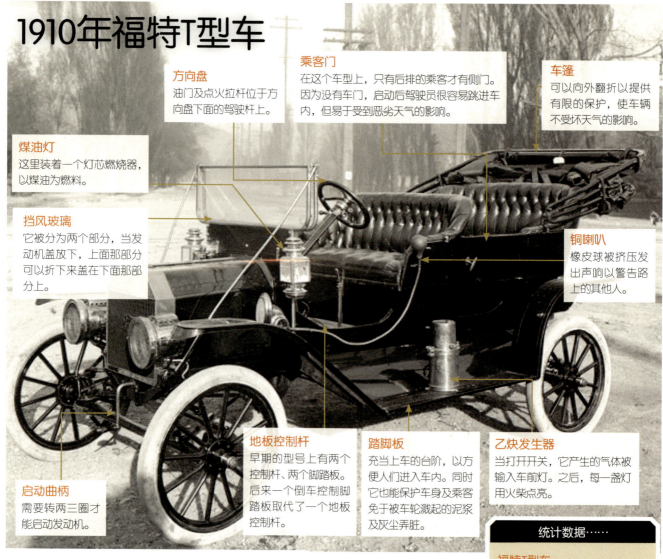

方向盘
油门及点火拉杆位于方向盘下面的驾驶杆上。

乘客门
在这个车型上，只有后排的乘客才有侧门。因为没有车门，启动后驾驶员很容易跳进车内，但易于受到恶劣天气的影响。

车篷
可以向外翻折以提供有限的保护，使车辆不受坏天气的影响。

煤油灯
这里装着一个灯芯燃烧器，以煤油为燃料。

挡风玻璃
它被分为两个部分，当发动机盖放下，上面那部分可以折下来盖在下面那部分上。

铜喇叭
橡皮球被挤压发出声响以警告路上的其他人。

启动曲柄
需要转两三圈才能启动发动机。

地板控制杆
早期的型号上有两个控制杆、两个脚踏板。后来一个倒车控制脚踏板取代了一个地板控制杆。

踏脚板
充当上车的台阶，以方便人们进入车内。同时它也能保护车身及乘客免于被车轮溅起的泥浆及灰尘弄脏。

乙炔发生器
当打开开关，它产生的气体被输入车前灯。之后，每一盏灯用火柴点亮。

统计数据……

福特T型车
制造商：福特汽车公司
生产年份：1908年
大小：长2 540毫米，宽1 422毫米，高2 387毫米
发动机：2 896毫升
最大速度：45英里/时
功率：16.78千瓦
所需燃料：汽油
价格：850美元

T型车 将汽车带给大众的那辆车

以今天的标准来看，亨利·福特的T型车有许多不同寻常的特点。在你上车驾驶之前，你要先转动车前方的手摇曲柄来启动它。这是一个危险的过程，如果发动机发出逆火，这可能会打断你的大拇指；而且，如果驾驶杆上的油门杆没有放到位，车一旦启动就会从你身上碾过。所幸，一个可选的电子启动器于1919年被引入。

T型车有三个脚踏板、一个地板控制杆。要将车开动，你要拉开油门杆，将地板控制杆从空挡位置向前推动，再踩下左边的离合器脚踏板。随着车速加快，你可以释放加在离合器踏板上的压力从而将速度从1挡调至2挡。若要停车，驾驶员只需将油门杆关闭，踩下离合器踏板，踩下右边的刹车踏板，将地板控制杆拉回空挡位置。若要倒车，将地板控制杆保持在空挡位置，踩下中央的倒车脚踏板。

早期型号的T型车上有铜质的乙炔灯，而且它的10加仑燃油箱放置于前座下面。这样可以利用重力将燃油输入汽化器。如果油箱里燃料不够，T型车无法爬陡坡。这个问题的解决方法就是倒着开上去。

它的发动机安装在车的前方，是整体铸造的四合一式气缸。这个简易的发动机相对来说易于操作与维护。第一款车型是轻便小汽车，车身是敞开的，发动机盖可以折叠放下。后来，许多不同的小汽车及卡车的车身都被福特或者其他公司安装到T型车的底盘上。

由于T型车既适用于城市道路，也同样适用于农场田间的重体力劳动，而且以尽可能低廉的价格出售，它很快就占据了美国市场，使汽车成为我们生活中的一个重要部分。

正如同其现代对手在多年间发展不同风格及外形的车型，T型车也不例外

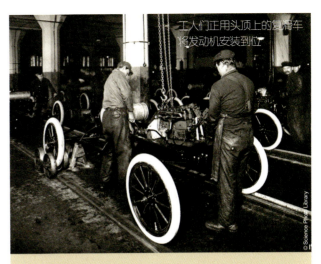

工人们正用头顶上的复滑车将发动机安装到位

T型车制造中心
1. 密歇根州高地公园
2. 英国曼彻斯特的特拉福德公园
3. 加拿大安大略的沃克维尔
4. 阿根廷布宜诺斯艾利斯的拉博卡
5. 澳大利亚维多利亚的吉朗
6. 德国柏林

大量生产
福特使用的开创性的方法打开一个具有各种可能性的世界

使用移动装配线实现大量生产是使T型车大获成功的关键创新之处。汽车生产主要定位于奢侈品市场，定制手工车型是其标准。曾在凯迪拉克工作的亨利·利兰首创将汽车零部件标准化，而且当时移动的生产线已在芝加哥屠宰场使用。福特这个天才将这些方式融汇于一体，将福特的生产降到84个关键区域。

汽车的底盘生产沿着一个轨道进行，每个工人只需做极简单的重复性工作，之后，它再被移送到下一个工作区域。发动机及其他部件以类似的方式生产，之后，再安装到底盘上。这种机械操作的过程可以将T型车的生产时间从12小时8分降到93分。

早在1914年，福特的量产技术就可以使13 000名工人制造出300 000辆车，相比之下，其他汽车公司使用66 350名工人却只生产出280 000辆车。

从1908年9月27日到1927年5月26日停产，福特公司共计生产了1 500万辆T型车。T型车实现并超越了亨利·福特以最好的材料、人人可接受的价格制造一辆设计简单的车辆的愿景。

T型车对警察部队来说是一个受欢迎的补充

早期的T型车包括这种流行的敞篷游览车

连接筒状油箱

"苏格兰飞人"机车

在这个电影明星、破纪录者及民族瑰宝内部

最初的 4472A1 机车由赫伯特·奈杰尔·格雷斯利爵士设计

"苏格兰飞人"机车始于 No.1472，是太平洋型机车的 A1 型。太平洋型机车的车轮排列为 2-6-2 的形式，这使它能装载更大的锅炉因而更适宜长途客运。它为伦敦东北铁路公司（LNER）所有，并被重新编号为 4472，命名为"苏格兰飞人"。

它因发生故障不再定期运行后，成为在 1924、1925 年英帝国展览会上理想的候选展品，并当即受到公众的追捧。在 1928 年当它定期启动从伦敦国王十字站到爱丁堡韦弗利站的早 10 点"苏格兰飞人"快车直达服务时，它已牢固确立了自己的名声。

为了应对这段 631 千米的旅程，机车后面拖着一个特别的装载了大量的煤与水的煤水机车。因为在这 8 小时旅途中，工作人员要换班而又不能停车，在煤水机车上特制了一个小过道让换休的人员穿过列车与驾驶室。

在 1934 年 11 月 30 日，"苏格兰飞人"名声大振，这一天，它的时速达到 160.9 千米/时，打破了当时世界上的速度纪录。

在 1947 年 1 月，"苏格兰飞人"被改装成 A3 型，它可以容纳具有更大的锅炉压力的锅炉。一年以后，它为英国铁路公司所有，被重新指定为 60103 号。在 1963 年它被卖掉并几易其主，直到于 2004 年的 5 月才被位于约克的国家铁路博物馆解救。

流线型化
因为发动机实在太高了，驾驶室、圆屋顶及烟囱必须得与锅炉齐平以避免撞击纽卡斯尔与爱丁堡之间的大桥。

煤水机车
在机车后面装载 9.9 吨煤与 22 500 升的水。一根注入管将水输入锅炉。机车上有一个特别的小走道供工作人员换班时通过。

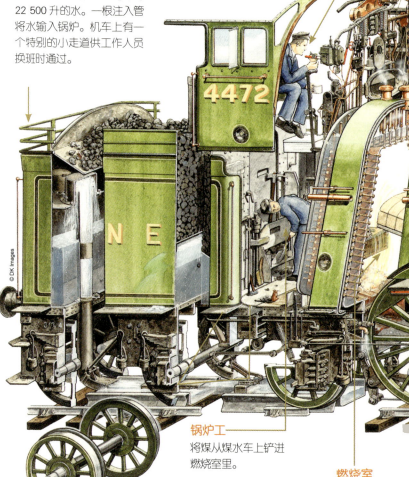

锅炉工
将煤从煤水车上铲进燃烧室里。

燃烧室
被固定于锅炉圆桶后面，用圆桶里的水冷却。燃烧室的大小有 19.9 平方米。锅炉的直径为 1.95 米。

"苏格兰飞人"特快服务

1862年

服务起始
从伦敦到爱丁堡的东海岸主干线被用于第一趟"苏格兰飞人"特快，10 点发车，旅程长达十个半小时。

1888年

提速
铁路公司之间的竞争使旅途时间缩短至七个半小时。由于这样的竞速太过危险，大家一致同意将旅程时间定为 8 小时 15 分。

奈杰尔·格雷斯利爵士与伦敦东北铁路公司（LNER）

赫伯特·奈杰尔·格雷斯利（1876.6.19—1941.4.5）在克鲁机车厂做学徒。他的领导才干及工程技术使他成为位于唐卡斯特的伦敦东北铁路公司的首席机械工程师。

他设计了A1型机车，后来又将它升级为A3型，在1935年，他引入了A4型机车，其中包括在1938年以202.7千米/时（126英里/时）的速度创下世界纪录的"野鸭"号。他同时还为轮船设计操舵装置，他总共设计了27个类型的蒸汽机车。

格雷斯利总是急于检验新的创造，并将来自欧美的最佳构想融入他的设计中。1936年英国国王爱德华八世授予他爵士爵位，以褒奖他的勤勉。

"苏格兰飞人"不仅以速度，而且以其奢华的设施而闻名

驾驶员
使用节流阀来控制汽室里的蒸汽调节器以增大或者减少排进气缸的蒸汽量。

汽室
锅炉里的水在高压下变成蒸汽，上升到汽室内。A1型车的锅炉有180磅力/平方英寸（1 241千帕）的压力，而A3的锅炉提高到220磅力/平方英寸（1 517千帕）了。

锅炉管
燃烧室产生的热气穿过管道加热锅炉里的水。

烟囱
1958年，"苏格兰飞人"上安装了基尔切普排气系统，它可以均匀混合活塞那里的蒸汽与锅炉管里排出的热气以改进机车的性能。

汽缸
"苏格兰飞人"每一侧各有三个汽缸，一个格雷斯利结合式阀动系统控制着汽缸里活塞的运动。

曲柄及连杆
活塞的运动通过这些连杆转移到车轮上。前四个车轮的直径为0.96米，中间两个为2.03米，后轮为1.12米。

统计数据……

"苏格兰飞人"

- 设计者：赫伯特·奈杰尔·格雷斯利爵士
- 制造商：唐卡斯特铁道工厂
- 制造年份：1923年
- 类型：A3
- 长度：21.6米
- 宽度：2.8米
- 高度：4米
- 重量：107吨
- 锅炉压力：220磅力/平方英寸（1 517千帕）
- 最快营运速度：108千米/时
- 最快创纪录速度：160.9千米/时
- 归属：约克国家铁路博物馆

伦敦东北铁路公司对"苏格兰飞人"这个名字心怀感激

1900年 — 奢华的设施
乘客的舒适度由于引入了餐车、供暖及连接各节车厢的过道而得到提高。

1924年 — 官方认可
这一服务从1870年起就获得"苏格兰飞人"的绰号，伦敦东北铁路公司在这一年正式认可这个名称，并以同一名称命名4472机车。

1932年 — 提速
8小时15分的限行旅途时间被缩短至7小时30分。

2011年5月23日 — 一个新的开始
91型电气机车开始了从爱丁堡到伦敦的工作日服务。跑完全程仅需4小时。

"五月花"号

看看这艘将清教徒们带到美国的船上生活是什么样

"五月花"号船是与英国海事历史密切关联的最著名的船只之一。从1620年将清教徒们运往美国去过新生活之后,在美国,"五月花"号船常被视为宗教自由的象征。

然而,最初"五月花"号只不过是普通的货运船,用来运输一些平常的货物——木材、服装与葡萄酒。虽然该船的一些数据信息已经遗失,但学者们通过观察这一时期的其他商船,估算它可能重达182 000千克。据提示,船很可能约7米宽、30米长。

船上的工作人员住在上层甲板上。人们认为,在它的传奇之旅中,船上可能有26名船员。船长或者指挥官是一个叫克里斯托弗·琼斯的男子:他住在船尾的宿舍里。一般的船员住在一间被称为水手舱的房间里,它位于船首的位置——拥挤而且不卫生,极不舒适,它常被海水浸泡。船上的高级船员则幸运多了,他们的住宿区在船中央。

在这个历史性航程中,"五月花"号搭载了102名男人、女人及孩子——这些清教徒就居住于甲板下面深处的装货区,那里恶劣的居住条件常会导致晕船或者疾病。"五月花"号于1620年7月从英格兰起航,但它被迫返航两次,因为与它同行的一艘船漏水。在航行期间许多问题困扰着船只与它的船员们。其中有来自海盗的严重威胁,但事实证明,给他们带来最大问题的却是旅途中暴风雨对船只的损坏。在远征的中途,恶劣的天气破坏了船的木质横梁,它是用来支撑船的结构的。幸运的是,这个破损还可以修复。

此外,还发生了几次意外事故,其中包括约翰·豪兰差点被淹死,他被扫下船舷但又被救了上来。另一个船员——被所有人认为是"心胸狭隘"的人——就没有如此幸运了,他意外丧生。但他的死亡却被认为是上帝对他的惩罚。在旅途中还有一个孩子降生,伊丽莎白·霍普金给她儿子起名叫欧申纳斯。

船于1620年11月11日平安抵达科德角。这个希望到新世界开始新的精神生活的宗教群体为他们的幸存感谢上帝。

> "'五月花'号于1620年从英格兰起航,但它被迫返航两次"

"五月花"号内部

"五月花"号是一艘货运船,它可以划分成三层,分别是包含桅杆、瞭望台、索具的甲板层;下层甲板,包括船员宿舍、军械室、贮物区;在这层下面是底舱,乘客们就待在这里面。

撞角
撞角是船的前端突出的那部分。

水手舱
普通水手的宿舍,当他们不在甲板上工作的时候就在此休息。

底舱
是船的最底部,用于存放货物及供乘客在此食宿。

"五月花"Ⅱ号复制品停靠在马萨诸塞的普利茅斯

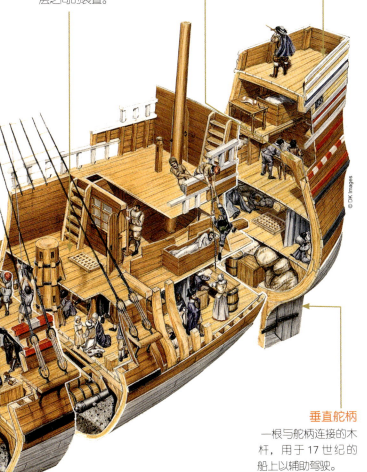

大舱房
分配给船长的宿舍，里面还有一个床铺供高级船员或者客人使用。

船尾楼甲板
用于瞭望及导航，船尾楼甲板给水手一个极宽广的视野来眺望海面。

绞盘与起重辘轳
一种帮助水手将较重货物放置于上下甲板层之间的装置。

垂直舵柄
一根与舵柄连接的木杆，用于17世纪的船上以辅助驾驶。

"五月花"号抵达科德角的顶端

清教徒

1620年，一群清教徒乘"五月花"号来到了"新世界"。他们被称作清教徒前辈移民。他们对本土英国人荒唐的及时行乐的行为已经不抱幻想，他们深信美洲是一片充满机遇的土地，在那里，他们可重新建立一个宗教社团。他们在一片后来被称作新普利茅斯的地方登陆，并在那里开始建设家园。但是，在他们来此居住的一年中，有一半人死去。"新世界"被视为一块炫目的土地以及第二个伊甸园，但事实上，这里的环境极其艰苦，并不适宜居住。一些土著人非常乐于助人，教他们学会如何在这荒野之中生存。1621年，他们获得了第一次丰收。对此，他们第一次以感恩的形式来庆贺——后来，这就成为一个传统的节日——而且，这一直作为美国的国家节日来庆贺。

"胜利"号战舰

有史以来最为知名的战舰之一,在18世纪末、19世纪初,"胜利"号战舰帮助英国海军锁定海上霸主地位

作为历经美国独立战争、法国革命及拿破仑战争后唯一幸存的战舰,"胜利"号是人类所建造的最著名的战舰之一,一艘一流的、令人生畏的阵地战战舰——阵地战的特点是对阵双方的船只试图摆弄操纵对方,以使自己位于舷侧的炮火处于最佳的攻击距离与角度——"胜利"号是一艘远洋巨兽,安装有三层巨大的火炮甲板、104门数吨重的火炮、一个巨穴状的弹药库以及800名船员。这是一艘射程遥远、炮火猛烈的战舰,同时,它的速度与操控性均胜过进犯者,它甚至能将敌军最大的战船打得落花流水。

在历史上,它也是海军中将霍雷肖·纳尔逊子爵在史诗般的特拉法尔加角海战中的旗舰。在那里,它参与了那个时代最后一场最伟大的阵地战。在这一战中它帮助纳尔逊打败了法国与西班牙的联军,但这是以付出他自己的生命为代价的。

统计数据……

"胜利"号
类别:阵地战—一流战舰
排水量:3 500 吨
长度:69 米
宽度:16 米
吃水深度:9 米
推力:风帆 – 5 440 平方米
速度:17 千米/时
武器装备:104 门大炮
满员:800 人

特纳著名的特拉法尔加角战役的油画,画中表现了"胜利"号正打得不可开交的场景。

风帆

"胜利"号是一艘全帆装船,它有三套方形风帆,展开面积总计达5 440平方米。风帆的宽度使它具有骄人的9节的最大行驶速度,鉴于其大小与重量,这在当时是极其惊人的。在18、19世纪时,一艘全帆装船必须有三根或者更多桅杆,每一根都有横帆装置。在全速行驶的时候,"胜利"号可能一次展开最多达37面帆,而且还有23面备用帆。

船员

"胜利"号上有800名船员,其中包括炮手、水兵、士官长、火药搬运工等。水手们在船上的生活非常艰苦,他们劳动所得微薄,每天只能有极少的食物与水。疾病在水手中盛行。对醉酒、打架、逃跑及叛乱的惩罚包括鞭笞及绞刑,等等。

桅杆

"胜利"号以船首斜桅（超出船头的杆）、前桅、主桅、后桅及主桅下帆横桁为主要特点。总计长达 41.9 千米的绳索、768 根榆木和水曲柳木块被用来为船安装索具。

甲板

"胜利"号有 7 层主甲板，包括：底舱、最下层甲板、低层火炮甲板、中层火炮甲板、上层火炮甲板、后甲板及船尾楼甲板。

(A)船身

船身是船上最大的存储区域，在那里，可以存储长达六个月的食物及饮用水，以及其他一切额外供给。

(B)最下层甲板

吃水线下的唯一一层甲板，这也是另外一个存储区域以及类似乘务长这样的船员居住的区域。

(C)火炮甲板

里面装载着"胜利"号的大部分火炮，它们是以堆放的形式放置（最大的炮放在底部，小的放在上面）。这里还居住着大部分船员及皇家海军士兵，他们睡在悬挂于头顶横梁的板条的吊床上。底层火炮甲板还用作寝居甲板，一个供船员吃住的空间。

(D)后甲板

这是战舰的神经中枢，指挥官在此冒着敌军密集的炮火指挥战舰的操纵及行动。

(E)船尾楼甲板

位于船尾的这一小截甲板从拉丁语"puppis"一词得名，这个词字面意思就是指船的"后甲板"。这层甲板主要用来发射信号，也为战舰的掌舵者提供一些保护。

火炮

作为此类舰船中的一流战舰，"胜利"号上装备了三层火炮甲板，及 100 多门火炮。事实上，"胜利"号上安装了 104 门火炮：底层火炮甲板上装有 30x2.75 吨长型火炮，炮弹重 32 磅；中层甲板上有 28x2.5 吨长型火炮，炮弹重 12 磅；顶层甲板上有 30x1.7 吨短型火炮，炮弹重 12 磅；在后甲板上有 12x1.7 吨短型火炮，炮弹重 12 磅；在前甲板上有 2 门中型火炮，炮弹重 12 磅，还有 2 门近距臼炮，炮弹重 68 磅。

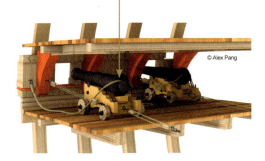

"卡蒂萨克"号帆船

作为世界上最后一艘完好的运茶帆船,"卡蒂萨克"号帆船标志着航海时代的结束,它专为快速通过跨越大陆的贸易路线而打造

"卡蒂萨克"号是英国的快速帆船(快帆),主要用来将茶叶从中国运往英格兰。"卡蒂萨克"号专为速度而建,它的船身狭窄,船头前倾而且宽阔,在三根主桅杆上有一个横帆装置。

这些要素使它能以比以前的商船更高的效率破浪而行,使茶叶、可可豆、煤炭、羊毛等产品能快速穿越大陆得以及时送到(对于当时而言)。事实上,快帆所具有的高速导致了运茶快帆船队竞赛的产生,这是一个年度赛事,在比赛中各位船员通力协作奋力拼搏以夺取当年的运茶船桂冠。

"卡蒂萨克"号曾经是——而且至今仍旧是,尽管现在它主要是一个旅游景点——运茶快帆的典范。它的板材、龙骨、旁龙骨、船尾柱都是用美国的石榆木及定制的铁框架制作的,甲板是柚木制作的,全部用结实的铜质螺丝钉连接起来,这艘船是当时出海的最昂贵、最先进的快帆之一。这样的建造质量因其制造者决心超越当时另一个强劲的对手"塞莫皮莱"号快帆而得以保障,"卡蒂萨克"号在其事业生涯中击败对手的次数不下五次。幸运的是,尽管船只境况不佳,但无数次整修及修复意味着今天它的状况在世界上依旧是无与伦比的。

不幸的是,同许多工具与技术一样,"卡蒂萨克"号快帆的时代不再延续。蒸汽机的发明在整个工业革命时期带来了越来越多的机械化,到19世纪末,蒸汽动力的船只的价格已为大众市场接受。这一点,再加上苏伊士运河——它创造了欧洲与亚洲之间的捷径,但以风力为动力的帆船却无法从此处通过——的通航,使快帆逐渐被淘汰。因此,"卡蒂萨克"号于1895年被出售并在南非的开普敦被重新装备,于20世纪20年代重返英格兰被用作训练船。

今天,"卡蒂萨克"号被保存在伦敦格林尼治的一个干船坞里,在那里,它作为一个海事博物馆的展品供公众观看。

"卡蒂萨克"号是它所属时代非常先进的船只

"卡蒂萨克"号停泊在澳大利亚的悉尼港

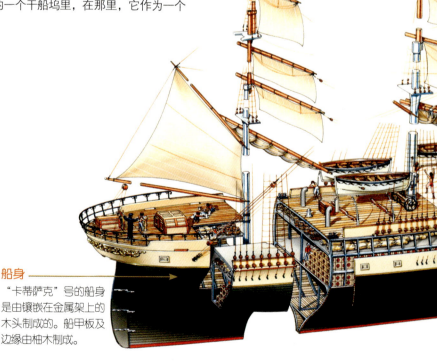

船身

"卡蒂萨克"号的船身是由镶嵌在金属架上的木头制成的。船甲板及边缘由柚木制成。

统计数据……

"卡蒂萨克"号
类别：快帆
吨位：975 吨
排水量：2 100 吨
长度：85 米
宽度：11 米
最大速度：32 千米/时
载货量：1 700 吨
载员：28~35 人

1869 年，"卡蒂萨克"号仍旧在营运中，现在，它是 19 世纪仅存的三艘船之一

时不我待

现存于世的，除了"卡蒂萨克"号，仅剩另外两艘快帆，但它们在迅速衰败

"阿德莱德之城"号

建于：1864 年　　结局：沉没/打捞出水
位置：苏格兰尔湾市

在澳大利亚为殖民地期间，专为英国与澳大利亚之间的商品及乘客的运输而设计的"阿德莱德之城"号是现今存在的最古老的快帆。在它的鼎盛时期，它每年要返回南澳大利亚 23 次。因此，据估算，25 万名现今的澳大利亚人可以在他们各自的家族世系中追溯出一个"阿德莱德之城"上的乘客。该船于 1991 年在格拉斯哥的王子码头意外沉没，虽然于 1992 年被打捞出水，但它已经成为严重受损的破船。同"卡蒂萨克"号一样，它也被列为 A 类受保护建造物。

"大使"号

建于：1869 年　　结局：搁浅
位置：智利圣格雷戈里奥大牧场

1869 年，建于泰晤士河上的拉文德干船坞的"大使"号快帆是专为将茶叶从中国运往英国而设计的，是当时的运茶竞赛中一个强劲的对手。"大使"号是当时最快的帆船之一，其最佳成绩是耗时 108 天完成旅程。在茶叶贸易之后，"大使"号还被用来在世界各地运输羊毛及其他产品。不幸的是，1899 年，这艘船处于失修状态，其当时的主人无力支付它的整修费用。因此，它搁浅于智利的圣格雷戈里奥大牧场并在那里一直搁置到现在。

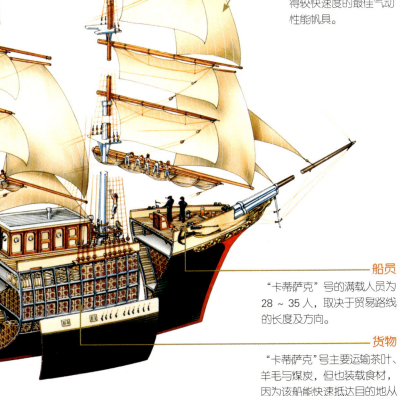

桅杆
船只的桅杆、帆桁及船首斜桅杆均是铁质。"卡蒂萨克"装备有三根主桅杆。

风帆
"卡蒂萨克"号以横帆设计为主，因为这是获得较快速度的最佳气动性能帆具。

船员
"卡蒂萨克"号的满载人员为 28 ~ 35 人，取决于贸易路线的长度及方向。

货物
"卡蒂萨克"号主要运输茶叶、羊毛与煤炭，但也装载食材，因为该船能快速抵达目的地从而减少损坏。

U型潜艇 详解

这些先进的德国潜艇如何在两次世界大战中造成如此巨大的破坏？

U型潜艇Ⅶ-C型号剖析图

看看是什么使得这个型号的潜艇成为海上令人生畏的对手

鱼雷
5个533毫米的鱼雷发射管——4个在船首，1个在尾部——安装在潜艇上并处于发射状态，以便快速发起攻击。潜艇一次可以携带14条鱼雷。

储气罐
似乎U型潜艇上的一切，从鱼雷发射器到潜水舱都需要空气来操作。鉴于此，潜艇里遍布储气罐。

主炮
Ⅶ-C装备着8.8厘米的SKC/35舰炮用于水面攻击。它可以发射能穿透护甲的高爆破照明炮弹。

导航
导航与探测由一套装置来完成，包括：潜望镜、雷达天线及磁罗盘。这些使U型潜艇能捕捉住水面及水下的目标。

水平舵
潜艇的水下行动由一系列水平舵控制——这是一种短小的、类似翅膀一样的附件，其角度可按需要调整。将它们正面朝上，则潜艇就潜入水中。

潜水舱
压载潜水舱位于潜艇前端较低的位置，当浮出水面时，这些潜水舱里的水被排空并充满空气，当下潜的时候，它们又注满水。

信号台
即便下潜到9米的深度，U型潜艇仍旧能够接收并发射无线电信号。密码在发射前提前编译好。

控制室
下潜后，控制室就是潜艇的操作中心。掌舵、导航及发射命令都是从这里发出的。

数据统计……

U型潜艇Ⅶ-C型号
- 乘员：44人
- 长度：67.3米
- 直径：6米
- 重量：761吨（浮出水面的）
- 水面航程：15 739千米
- 水下航程：141.9千米
- 最大水面速度：30.5千米/时
- 最大水下速度：13.5千米/时
- 武器装备：14条鱼雷；60枚水雷；8.8厘米主炮

"Unterseeboots"被译成U型潜艇,它是用于两次世界大战中的一个潜艇系列。它们具有超强的奇袭性能,常聚集起来对盟军的舰船实施高效的狼群战术以取得最大的杀伤效果,因此而闻名世界。仅在"一战"中,就有430艘盟军及中立国的舰船被这群潜艇击沉。如果在1917年U型潜艇的战斗力已被认为达到巅峰的话,那么,到1939年"二战"伊始,它又整体上升到另一个层次。超过50艘U型潜艇已建成或正在建造。这支可观的潜艇编队将继续击沉盟军舰船,尽享成功突袭后的补给。这些新一代U型潜艇中最主要的型号之一是Ⅶ-C——有史以来最为先进的一种潜艇。

Ⅶ-C型号的潜艇能在水上航行数千英里的距离,又能潜入水下对142千米以内的敌军目标发动进攻,是德军潜艇舰队的支柱。Ⅶ-C型号的潜艇上装备有大量的鱼雷、水雷及火炮,它可以在水面及水下给予敌军重大打击,还可在布设障碍物等限制航行的关键区域进出。U型潜艇确实战功赫赫。在1940—1945年,总计有568艘U型潜艇在服役。

与德军惊人的潜艇舰队相比,盟军的潜艇无论在数量还是整体技术上都处于劣势。但有趣的是,记录显示,有更多的U型潜艇被盟军的舰艇击沉,仅HMS"支持者"号——一种U级潜艇——在地中海就击沉了好几艘U型潜艇。

但是,这些数据中许多并未准确地反映出U型潜艇在"二战"中的总体影响,因为它们的主要目的是实现经济战的意图(例如切断补给线),而不是专门用于作战。

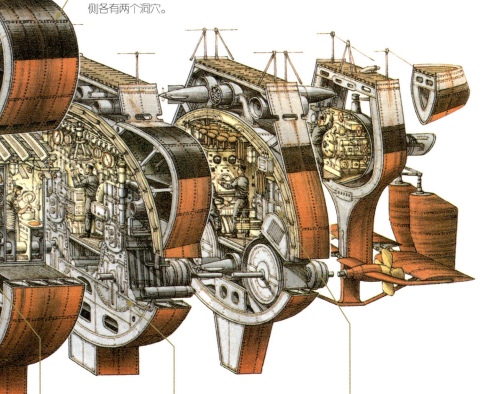

指挥塔
每一艘Ⅶ-C型号的潜艇顶部都安装有一个指挥塔。当潜艇浮出水面时,潜艇的指挥官在此控制潜艇。

高射加农炮
有几艘Ⅶ-C型号的潜艇上还安装了高射加农炮。这些20毫米的火炮用来攻击任何试图将潜艇炸出水面的敌军的攻击机。

存储区域
由于空间紧凑狭窄,U型潜艇上没有专门的存储区域。因此,面包、肉食等食物就存放于船员的居住区。

燃油箱
由于空间有限,Ⅶ-C的油箱都安装在背部的鞍座位置,每一侧各有两个洞穴。

电池阵
大量的电池安装于潜艇的中下方,它们为发动机及照明提供能量。

艇员居住区
生活区遍布潜艇各处,可供多达44人居住,每个人睡在安装在墙壁上的狭窄的床上。

发动机
在水面上的时候,潜艇由2台增压动力6缸4冲程M6V40/46柴油机驱动。它们的最大输出功率是2 400千瓦。

电动机
潜入水下时,U型潜艇由一对电动机驱动,它们可以输出560千瓦的功率。这些电动机是必需的,因为柴油机需要空气才能运行。

深海潜水器"的里雅斯特"号

现实生活中"的里雅斯特"号深海潜水器探测了这个星球海洋的最深处,它是迄今为止唯一一艘抵达太平洋马里亚纳海沟最深处的载人潜水器

超过9 000米深度后,一块树脂玻璃窗破裂了。超过1 000个大气压——每平方英寸6吨的压力——无情地压向"的里雅斯特"号。艇体剧烈地震动,眼看着就要被巨大的压力压垮。就算是极小的裂缝,地球海洋最深处的重量都会将潜水器撕成两半,引发爆炸性减压,当即就会断送海洋学家雅克·皮卡德与美国海军中尉驾驶员唐·沃尔什两个人的性命。然而,1960年1月23日并非他们的身故之日。这两个人还没有到达马里亚纳海沟最深处——向深度挑战,潜水器必须坚持,没有第二个方案。

"的里雅斯特"号继续下沉到一片漆黑与虚无之中,它与外界完全隔离了——声呐/水诊器通信系统在数小时以前就崩溃了——"的里雅斯特"号继续往压载系统里打进小钢球。毕竟,你已经径直下到海底9千米了,目标就近在咫尺,就此放弃实在太可惜了。终于,突然之间,在2米加压后的空间里,经过4小时48分的下沉,皮卡德与沃尔什触底了。潜水器一触底,大量的矽藻软泥(由死亡的海底生物的骸骨构成)立即弥散开来,使四周的水域充满了液化的有机雾霾。

半小时后,间歇地以高能石英弧光灯观测这个陌生环境——间歇性观测,是因为一旦激活,它们会引起海水剧烈沸腾——并发现大量的生物,包括一种白色的比目鱼以及几种小虾和水母。之后,皮卡德提议让潜水器上浮。潜水器终于坚持到底了,但是在10 916米深的地方,加压舱的温度在持续下降(最低记录仅有7摄氏度/45华氏度);稍有疏忽,他们就无法返回了。3小时15分后,"的里雅斯特"号重新浮出水面,回到人类文明当中。这艘潜水器及其乘员曾到达一个只在小说中虚构的世界,并带着惊人的信息返回。

采集到的数据中最为关键的就是确定在地球海洋的最深处存在生命。这显示极端的大气压强不仅对那里的生命没有影响,而且在如此深的海底,水并没有腐败变质。这清楚地显示,洋流可以渗透到极端的深度,因此海底不适宜作为核废料的填埋场。不幸的是,尽管有这样的直接证据,此类填埋至今依旧在世界大部分地区继续。

现今,"的里雅斯特"号的传承在延续,无数项目正在展开,集中重新设计潜水器重返这片人类尚未开拓的区域。这其中最引人关注的就是理查德·布兰森爵士的"维珍海洋"号潜水器意欲在不久的将来重返马里亚纳海沟。

螺旋桨
"的里雅斯特"号大多数时间只能在垂直平面上下移动,但安装在顶部的小螺旋桨使它可以在水平方向稍微移动。

水箱
在潜水器的前后放置了两个压舱的水箱。

石英弧光灯
高能石英弧光灯使"的里雅斯特"上的乘员能够观察周围的环境。这些灯被安装在艇身的下部。

统计数据……

"的里雅斯特"号深海潜水器
类型:深海探测潜水器
乘员:2人
排水量:51吨
长度:18.1米
宽度:3.5米
吃水深度:5.6米

"的里雅斯特"号深海潜水器目前放在华盛顿特区的美国海军博物馆展览

"的里雅斯特"号加压舱的近景,清晰地显示了树脂玻璃观测窗及仪表连接线

专门设计的压舱箱中的一个,它与磁化的小钢球一起使用

在"的里雅斯特"号深海潜水器内部

我们看一看促成这次破纪录潜水的机械装置与技术

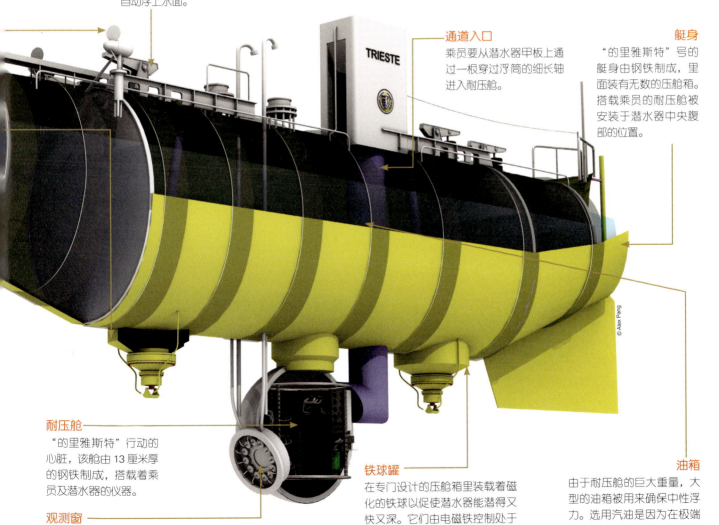

电磁铁
使"的里雅斯特"号降到如此深度的磁铁球被大块的电磁铁牢牢固定在指定位置。同样,如果有电力故障,潜水器就会自动浮上水面。

通道入口
乘员要从潜水器甲板上通过一根穿过浮筒的细长轴进入耐压舱。

艇身
"的里雅斯特"号的艇身由钢铁制成,里面装有无数的压舱箱。搭载乘员的耐压舱被安装于潜水器中央腹部的位置。

耐压舱
"的里雅斯特"行动的心脏,该舱由13厘米厚的钢铁制成,搭载着乘员及潜水器的仪器。

观测窗
整个潜水器唯一一处用透明材料制造的地方,观测窗由锥形的防震树脂玻璃(丙烯酸玻璃)制成。

铁球罐
在专门设计的压舱箱里装载着磁化的铁球以促使潜水器能潜得又快又深。它们由电磁铁控制处于活动状态。

油箱
由于耐压舱的巨大重量,大型的油箱被用来确保中性浮力。选用汽油是因为在极端压力下,比较而言,它是不可压缩的。